中华优秀传统文化家国治理的当代价值研究

邹建平 著

湘潭大学出版社
XIANGTAN UNIVERSITY PRESS

图书在版编目（CIP）数据

中华优秀传统文化家国治理的当代价值研究 / 邹建平著. -- 湘潭 : 湘潭大学出版社, 2023.12
ISBN 978-7-5687-1377-1

Ⅰ. ①中… Ⅱ. ①邹… Ⅲ. ①中华文化—文化研究 Ⅳ. ①K203

中国国家版本馆CIP数据核字（2024）第042839号

中华优秀传统文化家国治理的当代价值研究

ZHONGHUA YOUXIU CHUANTONG WENHUA JIAGUO ZHILI DE DANGDAI JIAZHI YANJIU

邹建平 著

责任编辑：丁立松
封面设计：张丽莉
出版发行：湘潭大学出版社
社　　址：湖南省湘潭大学工程训练大楼
电　　话：0731-58298960 0731-58298966（传真）
邮　　编：411105
网　　址：http://press.xtu.edu.cn/
印　　刷：长沙市鑫宇印务有限公司
经　　销：湖南省新华书店
开　　本：710 mm×1000 mm 1/16
印　　张：11
字　　数：195千字
版　　次：2023年12月第1版
印　　次：2023年12月第1次印刷
书　　号：ISBN 978-7-5687-1377-1
定　　价：48.00元

前　言

本书为重庆市社会科学规划重点项目“习近平传统文化观研究”（项目编号：2018ZDZT04）、重庆市教育委员会人文社会科学研究项目“推进马克思主义中国化时代化进程中守正创新关系研究”（项目编号：23SKSZ079）的研究成果。中华优秀传统文化是我们宝贵的精神财富，如何对它进行创造性转化和创新性发展，使它为社会主义文化建设服务，是摆在我们面前的一个重大课题。本书以中华优秀传统文化的创造性转化和创新性发展为研究切入点，从固本培元、本固邦宁、修齐治平、家国一体、子爱利亲、实干兴邦等角度进行研究，以便激活中华优秀传统文化的基因，为提升文化自信、建设中国特色社会主义文化强国服务。内容分为六章。第一章：固本培元——“岁老根弥壮”的中国特色社会主义文化底蕴，从文化自觉、文化自信、文化自立、文化自强的角度阐述如何对中华优秀传统文化进行全新认识；第二章：本固邦宁——“江山就是人民，人民就是江山”的民本思想情怀，阐述古代民本思想的当代价值；第三章：修齐治平——“君子以自强不息”的内省外律思想，阐述注重个人修行对提升自我价值的现代启示；第四章：家国一体——“家是最小国，国是千万家”的家国同构理念，阐述重视家庭家风建设对当今社会建设的重要意义；第五章：子爱利亲——“老吾老以及人之老”的社会和合思想，阐述敬老爱亲对今天构建和美社会的重要意义；第六章：实干兴邦——“绝知此事要躬行”的躬行实践思想，从躬行实践的角度阐述中华民族伟大复兴是干出来的实干兴邦思想。

本书的研究意义在于从家国治理的角度研究传统文化的当代价值，为中华民族伟大复兴提供精神动力和智力支持。中华优秀传统文化是我们宝贵的思想基因宝库，今天进行社会主义文化建设一定要利用好这个宝库，并对其进行创造性转化和创新性发展。今天国学流行有深刻的社会背景和学术背景，那就是对中华优秀传统文化的价值认同。我们在现代化建设的过程中、在经济文化转型过程中一度出现道德滑坡现象，西方个人主义价值观在青年当中流行，出现主流价值观弱化现象。研究传统文化的目的是用传统价值观来重塑青年的价值观，弘扬家国情怀、集体主义、爱国主义、温良恭俭让、礼义廉耻等传统价值观，并对之进行创造性转化和创新性发展，在改造的基础上实现对传统文化的超越。其运用价值在于帮助年轻一代了解中华优秀传统文化，在适应性上对传统文化进行价值创造。青少年是传承传统文化的生力军和主力军，研究者在对传统文化进行创造性转化和创新性发展的过程中，一定要把它转化成与青少年生活实际和思想实际相适应的艺术内容和艺术形式，使青少年在接受传统文化的过程中接受其思想精华，在学习传统文化的过程中既热爱中华传统文化又不为之所束缚。这有助于引导青少年树立正确的世界观、人生观和价值观，解决优秀传统文化谁来传承，怎么传承的难题。

本书历时三年终于完成。从选题、立项、拟定大纲、书稿写作和最终定稿，经过反复修改和打磨，付出了不少时间和精力。书稿写作中部分章节借鉴和参考了《习近平讲故事》《习近平谈治国理政》《平“语”近人——习近平总书记用典》等经典著述的重要观点以及其他专家学者和文化名人的研究成果，课题组成员也为书稿的完成付出了艰辛努力，在此一并表示感谢。

邹建平

2023 年 3 月 10 日

目 录

第一章　固本培元
——“岁老根弥壮”的中国特色社会主义文化底蕴

习近平总书记指出：“不忘历史才能开辟未来，善于继承才能善于创新。优秀传统文化是一个国家、一个民族传承和发展的根本，如果丢掉了，就割断了精神命脉。我们要善于把弘扬优秀传统文化和发展现实文化有机统一起来，紧密结合起来，在继承中发展，在发展中继承。”[①] 这说明任何文化的存在和发展都是与过去的历史分不开的，都是对过去文化的传递和创新。中华文化博大精深，源远流长，在长期的发展过程中积淀了深厚的历史文化底蕴，凝练成具有中华民族特色的精神文化标识，是中华民族在改造自然和改造社会过程中思想智慧的结晶。习近平新时代中国特色社会主义思想植根于中华优秀传统文化的沃土中，形成于新时代中国特色社会主义伟大实践中。中华优秀传统文化蕴含的哲学思想、价值理念、人文情怀、人伦道德为其形成和发展提供了重要思想营养，是中国特色社会主义先进文化的“根”和“脉”，是其得以繁荣发展的丰厚沃土。按照马克思主义历史唯物主义的观点来讲，人们自己创造自己的历史，但是他们并不是随心所欲地创造，并不是在他们自己选定的条件下创造，而是在直接碰到的、既定的、从过去承继下来的条件下创造。[②] 这说明人类创造物质文明和精神文明都是有根基的，都不能随心所欲地创造，都有其精神文明的发源地。习近平总书记

① 习近平谈治国理政（第二卷）[M]. 北京：外文出版社，2017：313.

② 马克思恩格斯选集（第1卷）[M]. 北京：人民出版社，1995：603.

从马克思主义中国化时代化的角度将中华优秀传统文化提升为“中华民族的精神命脉”和“文化血脉”，提炼为“中华民族的基因”，把它比喻为中华民族的文化“老根”，是中国特色社会主义先进文化的“发脉”，可以看出他对中华优秀传统文化的重视，同时为中国特色社会主义先进文化“疏根浚源”。正如习近平总书记在党的十九大报告中指出的：“中国特色社会主义文化，源自于中华民族五千多年文明历史所孕育的中华优秀传统文化，熔铸于党领导人民在革命、建设、改革中创造的革命文化和社会主义先进文化，植根于中国特色社会主义伟大实践。”① 习近平总书记的传统文化观，也是党对传统文化的赓续，中国共产党无论在革命、建设和改革开放过程中，对中华优秀传统文化进行创造性转化和创新性发展，不断继承、弘扬、提升中华优秀传统文化内在价值，拓展其内涵和外延，做到推陈出新，古为今用，取其精华，去其糟粕。党的十八大以来，习近平总书记大力弘扬中华优秀传统文化，提出对中华优秀传统文化进行创造性转化和创新性发展，同时又赋予新时代的内涵，把它运用到治国理政和社会建设的各个方面，把对中华优秀传统文化的认识提升到崭新的高度。

如果把中国特色社会主义先进文化比作一幅丰富多彩的山水画，中华优秀传统文化就是其深厚的底蕴，是其得以妙笔生花的底色。根深才能叶茂，根，何其重要，无根的文化就好像失去了养分的花朵，持续不了多久！本固方得枝荣，树木要经得起风吹雨打，就得固本培元，支撑的力量源于根处！中华优秀传统文化就是中国特色社会主义先进文化的“本”和“元”，是一座取之不尽、用之不竭的文化宝库，蕴含着丰富的文化宝藏。如“民惟邦本，本固邦宁”的民本思想；“天人合一”的人与自然和谐思想；“和而不同”“美美与共”的命运共同体思想；“天行健，君子以自强不息”“天下兴亡，匹夫有责”的自强自立思想；“大道之行也，天下为公”的和谐社会思想；“君子坦荡荡”“君子喻于义”的干净有为担当思想；“人而无信，不知其可也”的信义思想；“仁者爱人，有礼者敬人”的仁爱思想；“与人为善”“老吾老以及人之老，幼吾幼以及人之幼”的睦邻友好思

---

① 习近平：决胜全面建成小康社会 夺取新时代中国特色社会主义伟大胜利——在中国共产党第十九次全国代表大会上的报告［DB/OL］. https://www.gov.cn/zhuanti/2017-10/27/content_5234876.htm

想；“己所不欲，勿施于人”的平等视人思想，等等。正如习近平总书记指出的，像这样的思想和理念，不论过去还是现在，都有其鲜明的民族特色，都有其永不褪色的时代价值。这些思想和理念，既随着时间推移和时代变迁而不断与时俱进，又有其自身的连续性和稳定性。我们生而为中国人，最根本的是我们有中国人的独特精神世界，有百姓日用而不觉的价值观。我们提倡的社会主义核心价值观，就充分体现了对中华优秀传统文化的传承和升华。[①] 中华民族要实现伟大复兴，必须从中华优秀传统文化中汲取力量，深刻研究并总结中华优秀传统文化的生命力、创造力、影响力和凝聚力，以及它与中华民族生生不息发展的内在逻辑关系，对中华优秀传统文化作出新的判断和概括，正如习近平总书记所言：“中国优秀传统文化的丰富哲学思想、人文精神、教化思想、道德理念等，可以为人们认识和改造世界提供有益启迪，可以为治国理政提供有益启示，也可以为道德建设提供有益启发。对传统文化中适合于调理社会关系和鼓励人们向上向善的内容，我们要结合时代条件加以继承和发扬，赋予其新的涵义。”[②] 中华民族是一个善于总结历史经验的民族，也是一个勇于创新的民族，经历过苦难也创造过辉煌，唯有对中华优秀传统文化进行创造性转化和创新性发展，把历史和现实结合起来，打通历史和现实关节点，才能发挥中华优秀传统文化的影响力和延续它的生命力，使中华民族的历史文化基因不断层、不变质，使之世代相传。

中华优秀传统文化博大精深，具有强大的凝聚力、感染力和号召力，正是这凝聚力、感染力和号召力把 56 个民族、14 亿多中华儿女团结起来，拧成一股绳，心往一处想、劲往一处使，共同发展、共同创造、共同进步，凝聚成生生不息的中华民族，汇集成灿烂辉煌的中华优秀传统文化。中华优秀传统文化与中华民族具有内在统一性，是中华民族创造了中华优秀传统文化，而中华优秀传统文化又成就了中华民族，中华文化与中华民族相辅相成，相得益彰，使之成为世界四大文明古国之一，且至今从未断层，随着时代的发展而发展。中华优秀传统文

① 习近平谈治国理政（第一卷）[M]. 北京：外文出版社，2018：170-171.

② 习近平. 在纪念孔子 2565 周年国际学术研讨会暨国际儒学联合会第五届会员大会开幕会上的讲话[M]. 北京：人民出版社，2014：7.

化孕育了以爱国主义为核心的民族精神和以改革创新为核心的时代精神，并且随着时代的发展不断演化和更新。历史是最好的老师，守正和创新是辩证统一的，守正是对优秀传统的继承，不忘记历史才能开辟光明的未来；创新是继承基础上的发展，善于继承才能善于创新，只有坚持好历史才能看得懂未来，只有创造新的辉煌才能照耀过去的历史，文化要在继承的基础上开拓前进，中国特色社会主义先进文化要做大做强，必须用中华优秀传统文化为其提供精神动力和智力支持。

习近平总书记指出，优秀传统文化是一个国家和民族的“根”和“脉”，是社会得以延续和发展的不竭动力，如果舍去了传统文化，就割断了民族赓续发展的精神命脉。正是有了这种“精神命脉”的传承与赓续，中华民族在民族危亡时刻才能万众一心，共赴国难，岳飞的《满江红》在抗日战争时期激起了无数热血青年投身于民族救亡的运动中，司马迁提出“人固有一死，或重于泰山，或轻于鸿毛”、李清照感慨“生当作人杰，死亦为鬼雄”、文天祥就义前留下“人生自古谁无死，留取丹心照汗青”、顾炎武呼吁“天下兴亡，匹夫有责”等，从古至今，这种救亡图存精神从未断流，正是有了这些“精神命脉”，中华民族才能在危难时刻克服一次又一次困难，迎来新生。十八大以来，我们党对中国特色社会主义先进文化进行追根溯源，把“中华优秀传统文化”定为其“根”和“脉”，把它视作中国特色社会主义先进文化的底色，打通了中国特色社会主义先进文化与中华优秀传统文化之间的壁垒，把中国特色社会主义文化与中华优秀传统文化贯穿起来，做到古为今用，贯古通今，把中华优秀传统文化熔铸于中国特色社会主义先进文化建设的伟大实践中。习近平总书记说，当前“我们正在进行具有许多新的历史特点的伟大斗争”，可以从中华优秀传统文化中汲取治国理政的政治智慧，发掘社会治理的有益经验，延续、发展中华民族“精神命脉”。习近平总书记指出，要加强对中华优秀传统文化的挖掘和阐发，努力实现中华传统美德的创造性转化、创新性发展，把跨越时空、超越国度、富有永恒魅力、具有当代价值的文化精神弘扬起来，把继承优秀传统文化又弘扬时代精神、立足本国又面向世界的当代中国文化创新成果传播出去。①

积极推动中华优秀传统文化创造性转化和创新性发展，反映了习近平总书记对发展新时代中国特色社会主义先进文化的责任担当。我们对优秀传统文化的继承，不是因循守旧照抄照搬，也不是复古，而是在结合新时代诉求的基础上实现超越式发展，做到守正与创新、传承与发展的辩证统一。习近平传统文化观是时代性、价值性、民族性和实践性的辩证统一，既坚持了马克思主义的基本观点和方法，又把它与中国特色社会主义创新实践结合起来，是马克思主义中国化时代化在文化发展中的典范，坚持了辩证唯物主义与历史唯物主义的统一，继承历史又不局限于历史，是继承与发展的辩证统一，重在中华优秀传统文化的现代性转化，体现了全新的时代特质，体现为文化自觉、文化自信、文化自立和文化自强四者统一。

第一节 “海纳百川，有容乃大”的文化自觉意识

所谓文化自觉，就是对文化发展历史脉络有清醒的认识，就是指其对中华文化的地位、作用、发展历程和未来趋势的自知之明，以及对于历史责任的主动担当。② 随着我国进入中国特色社会主义新时代，我们的经济实力已经稳居世界第二，与此相适应，文化实力也要不断增强。因此，我们不但要对现在和未来有清醒认识，而且要对过去有清醒的认识，由于我们拥有深厚的历史文化传统，创造了灿烂的中华优秀传统文化，积累了丰富的文化发展经验，所以发展中国特色社会主义先进文化必须正视和重视中华优秀传统文化，在正视自我的基础上，重视全面挖掘中华优秀文化的现代价值。因此，必须对中华优秀传统文化表现出高度的文化自觉感，下功夫挖掘和弘扬中华优秀传统文化的现代价值，并努力寻求创造性转化和创新性发展，不断增强文化自觉力。

---

① 习近平谈治国理政（第一卷）[M]. 北京：外文出版社，2018：106.

② 孙元君. 习近平的文化自觉与自信 [J]. 奋斗，2015（05）：54-55.

习近平总书记说“‘明镜所以照形，古事所以知今。’今天，我们回顾历史，不是为了从成功中寻求慰藉，更不是为了躺在功劳簿上、为回避今天面临的困难和问题寻找借口，而是为了总结历史经验、把握历史规律，增强开拓前进的勇气和力量。”[①] 这说明我们党对传统文化的认识是清醒的，回顾历史不是回到过去，更不是回避今天的现实问题。我们弘扬中华优秀传统文化，就是为了理清中国特色社会主义先进文化的历史渊源、发展脉络、基本走向，弄清楚中国特色社会主义先进文化的历史方位、民族特色和历史价值，整理并发掘中华优秀传统文化的合理内核，充分汲取中华优秀传统文化的思想营养和思想精华，特别要深入挖掘和阐发中华优秀传统文化讲仁爱、重民本、守诚信、崇正义、尚和合、求大同的时代价值，使中华优秀传统文化成为涵养社会主义核心价值观的重要源泉。要处理好继承和创造性发展的关系，重点做好创造性转化和创新性发展。[②] 重点在于如何用中华优秀传统文化为中国特色社会主义文化发展服务，为建设社会主义文化强国服务。中华优秀传统文化有其独特的魅力所在，其价值功能在于自觉为今天的社会主义现代化建设服务，重点在于现代性转换，体现民族性、创造性，彰显中国特色社会主义文化的民族特色和时代特色。

文化自觉是思辨性、实践性和开放性的统一。弘扬中华优秀传统文化首要是立足于当代中国实际，尤其是立足于中国特色社会主义伟大实践中，努力实现传统文化的现代化和国际化，体现包容和开放性，是吸收和创造、反思和开拓的统一，也是以解决今天面临的问题为目的。中华优秀传统文化在漫长的发展历程中滋养着我们华夏人的身体，同时也孕育着华夏子民最深沉的精神品格和价值追求，更加成为中华民族繁衍生息、发展进步的精神标识。[③] 习近平总书记在系列讲话中经常运用大量中华优秀传统文化的经典名言和妙词佳句，并将其创造性地运用于社会发展的各个领域，使之彰显当代价值。关于中华优秀传统文化，习近平总书记把中华优秀传统文化比喻为中华民族的精神命脉和精神家园，比作中国

---

① 习近平．在庆祝中国共产党成立95周年大会上的讲话［M］．北京：人民出版社，2016：4.

② 习近平谈治国理政（第一卷）［M］．北京：外文出版社，2018：164.

③ 孙元君．习近平的文化自觉与自信［J］．奋斗，2015（05）：54-55.

人的骨气和底气，这些比喻生动贴切，生动地诠释了中华优秀传统文化的特质、地位和作用，认为中华优秀传统文化蕴含着许多可以为人类共享的具有普遍性的生存智慧。老子、孔子、墨子、孟子、庄子等中国诸子百家学说至今仍然具有世界性的文化……思考和表达了人类生存与发展的根本问题，其智慧光芒穿透历史，思想价值跨越时空，历久弥新，成为人类共有的精神财富。[①]

文化自觉就要以史为鉴。习近平总书记说“学史可以看成败、鉴得失、知兴替；学诗可以情飞扬、志高昂、人灵秀；学伦理可以知廉耻、懂荣辱、辨是非。”[②]“只有加强学习，才能增强工作的科学性、预见性、主动性，才能使领导和决策体现时代性、把握规律性、富于创造性，避免陷入少知而迷、不知而盲、无知而乱的困境，才能克服本领不足、本领恐慌、本领落后的问题。否则，‘盲人骑瞎马，夜半临深池’，虽勇气可嘉，却是鲁莽和不可取的，不仅不能在工作中打开新局面，而且有迷失方向、落后于时代的危险。”[③] 这表明我党对传统文化有清醒的自觉认识。习近平总书记认为，对历史文化特别是先人传承下来的价值理念和道德规范，要坚持古为今用、推陈出新，有鉴别地加以对待，有扬弃地予以继承，努力用中华民族创造的一切精神财富来以文化人、以文育人，务必要认真汲取中华优秀传统文化的思想精华和道德精髓，大力弘扬以爱国主义为核心的民族精神和以改革创新为核心的时代精神，使中华优秀传统文化成为涵养社会主义核心价值观的重要源泉。要正确处理好继承和创造性发展的关系，重点做好创造性转化和创新性发展。文化自觉是创造和反思的过程，在增强文化自觉的过程中，首要的是保持中华优秀传统文化的独特魅力，中华优秀传统文化是我们的“根”和“魂”，中国特色社会主义文化，特别是哲学社会科学要繁荣发展，必须有意识地寻“根”护“魂”，保护好、运用好、发展好中华优秀传统文化。习近平总书记指出，在5000多年文明发展进程中，中华民族创造了博大精深的灿烂文化，要使中华民族最基本的文化基因与当代文化相适应、与现代社会相协调，

---

① 孙元君．习近平的文化自觉与自信［J］．奋斗，2015（05）：54-55．

② 习近平谈治国理政（第一卷）［M］．北京：外文出版社，2018：406．

③ 习近平谈治国理政（第一卷）［M］．北京：外文出版社，2018：404．

以人们喜闻乐见、具有广泛参与性的方式推广开来，把跨越时空、超越国度、富有永恒魅力、具有当代价值的文化精神弘扬起来，把继承传统优秀文化又弘扬时代精神、立足本国又面向世界的当代中国文化创新成果传播出去。[①] 这里说的“根”和“魂”，既是中华民族的特色，也是中国特色社会主义先进文化的底色，是中华民族的思想文化家园和精神庇护所，而“喜闻乐见”和“广泛参与性”则体现中国共产党对中华优秀传统文化传承的使命担当，就是要把优秀传统文化扎根在老百姓的思想里，体现在他们的生活里，不复古，不沉迷过去，而是活学活用，古为今用，用马克思主义的观点来讲，就是要用好优秀传统文化的反推作用力，让中华优秀传统文化反作用于现代社会，作用于经济文化发展，挖掘它的现代启示意义与普遍指导意义。

挖掘的目的在于运用和传播。把传统价值与现代价值链接起来，把传统价值观与社会主义核心价值观嫁接起来，把小康、大同世界与中华民族伟大复兴连接起来，把这些价值理念注入当代社会中，熔铸中国特色社会主义先进文化发展中，自觉增强中华民族的文化向心力和凝聚力，把培育和弘扬社会主义核心价值观与继承中华优秀传统价值观结合起来，体现为高度的文化自觉和价值自律。同时，文化自觉还是一种交流和传播，我们要有意识地对外展示中华优秀传统文化的魅力，使之为世界所认识、欣赏和借鉴。要阐释和提炼好中华优秀传统文化的特质，使之成为中华文化独特的价值符号，凝练在中国故事里，同时要搭建好国际、国内交流传播平台，使有内涵、有特性的中国故事能走得出、听得到、传得开。要重点展示中国历史底蕴深厚、各民族多元一体、文化多样和谐的文明大国形象，政治清明、经济发展、文化繁荣、社会稳定、人民团结、山河秀美的东方大国形象，坚持和平发展、促进共同发展、维护国际公平正义、为人类作出贡献的负责任大国形象，对外更加开放、更加具有亲和力、充满希望、充满活力的社会主义大国形象。[②] 让中华优秀传统文化充当好中国文化交流的大使，用中华优秀传统文化来讲好中国故事，传播好中国声音。正如习近平总书记所说的，要加

① 习近平谈治国理政（第一卷）[M]. 北京：外文出版社，2018：161.

② 习近平谈治国理政（第一卷）[M]. 北京：外文出版社，2018：162.

强国际传播能力建设，精心构建对外话语体系，发挥好新兴媒体作用，增强对外话语的创造力、感召力、公信力，讲好中国故事，传播好中国声音，阐释好中国特色。对中国人民和中华民族的优秀文化和光荣历史，要加大正面宣传力度……引导我国人民树立和坚持正确的历史观、民族观、国家观、文化观，增强做中国人的骨气和底气。①

第二节　“一花独放不是春，百花争艳春满园”的文化自信意识

文化自信，就是其在对时代发展潮流和中国特色社会主义伟大实践的深刻把握中，对中华文化价值的充分肯定，以及对中华文化生命力的坚定信念。② 习近平总书记强调“坚持文化自信是更基础、更广泛、更深厚的自信，是更基本、更深沉、更持久的力量。”“更基础、更广泛、更深厚”，讲的就是中华优秀传统文化，我们的文化自信是建立在深厚的中华优秀传统文化基础上的，这种深厚的文化基础是其他文化不能比拟的，它植根在中华民族的记忆里，熔铸在中华民族的血液里，体现在中华民族生生不息的繁衍过程中。在中华文化的发展长河中，采取兼收并蓄的大开放、大包容的发展政策，形成了独具特色的中华优秀传统文化。中华优秀传统文化是中华民族在千百年的社会实践中结出的智慧之花，是自信、自立、自强之花，使中华民族在世界发展中独树一帜，创造了文景之治、开元盛世、康乾盛世等历史繁盛时期，在汉唐元明时期形成了强大的文化输出洪流，铸就了具有中华民族特色的中华文明，体现出强大的文化自信。今天，国与国之间的交流与碰撞，越来越多地体现在文化的传播与对比上，文化话语权在某种程度上体现为国际话语权的制定与分配，体现为文化自信与文化对外传播。文化自信从哪里来？博大精深的中华优秀传统文化为我们提供了文化自信的源泉，体现为“更基本、更深沉、更持久的力量。”中华优秀传统文化中蕴含着“仁义”

---

① 习近平谈治国理政（第一卷）[M]. 北京：外文出版社，2018：162.

② 孙元君. 习近平的文化自觉与自信 [J]. 奋斗，2015（05）：54-55.

“和合”“和平”“均等”等思想，承载着“大道之行也，天下为公”的社会理想，“天下兴亡，匹夫有责”的爱国理念，“以和为贵，和而不同”的处世哲学，“天人合一，道法自然”的生命境界，“革故鼎新，与时俱进”的改革精神，“己所不欲，勿施于人”的道德规范，“天行健，君子以自强不息”的奋进精神，“言必信，行必果”的行为规范，“正心诚意，修齐治平”的心性修养，[①] 这些思想是中华民族在改造自然和社会的过程中形成的价值理念，成为世代相传的价值典范，具有普遍性和共通性。文化自信源于比较优势，中华民族在与其他国家、民族相处的过程中，秉承和睦相处、共同发展、不以武力相威胁的传统，形成了协和万邦的人类命运共同体发展理念。这些思想穿过历史，具有持续的影响力、感染力和历史穿透力，演变为当今处理国与国关系的准则——和平共处五项原则。同时，中华优秀传统文化中蕴藏着解决当今国际社会共同面临的一系列难题的重要启示，应当倍加爱护和珍惜。一个国家综合实力最核心的还是文化软实力，这事关精气神的凝聚，我们要坚定理论自信、道路自信、制度自信，最根本的还要加一个文化自信。这深刻揭示了“文化自信”与“三个自信”的内在关系。中华优秀传统文化积淀着中华民族最深沉的精神追求，是中华民族生生不息、发展壮大的丰厚滋养。习近平总书记以中国古诗词为例，古诗文经典已经融入中华民族的血脉，成了我们的基因，因此要不断传承下去。[②]

习近平新时代中国特色社会主义思想承续了中华优秀传统文化的杰出思想和优秀智慧，体现了习近平总书记对中华优秀传统文化深刻的认同感和强烈的自豪感。在党的十九大报告中，习近平总书记旗帜鲜明地指出：“文化是一个国家、一个民族的灵魂。文化兴国运兴，文化强民族强。没有高度的文化自信，没有文化的繁荣兴盛，就没有中华民族伟大复兴。”[③] 文化建设为建设现代化强国提供

---

① 李锐．为什么要弘扬中华优秀传统文化——学习习近平总书记关于弘扬中华优秀传统文化重要论述［N］．光明日报，（2019年03月28日06版）

② 邢丽菊．习近平外交思想的优秀传统文化内涵［N/OL］．http://politics.people.com.cn/n/2015/0922/c1001-27619396.html

③ 习近平：决胜全面建成小康社会 夺取新时代中国特色社会主义伟大胜利——在中国共产党第十九次全国代表大会上的报告［DB/OL］．http://www.gov.cn/zhuanti/2017-10/27/content_5234876.htm

智力支持和文化支撑。文化的丰富多彩、中国特色社会主义文化的繁荣兴盛，是我们自信的表征。对中华优秀传统文化的继承是守正和创新的统一，守正是不忘根本，创新是使之符合时代发展的需要，挖掘传统文化的现代性。文化自信是一个继承、吸纳、开放、流动、包容和创新的过程，是文化融合发展的过程，也是充分吸收各种文化养分的过程。这个过程，既有对故去辉煌历史的尊重，也有对中国特色社会主义文化未来发展的深刻思考；既是理论上的继承，也是实践上的创新，体现为创造性转化和创新性发展。“正本”是厘清中华优秀传统文化的历史渊源，真正做到护“根”守“魂”，对优秀传统文化中的有益成分和合理价值因素进行创造性转化和创新性发展，使之不脱离历史实际又符合现代行为规范。只有“正本”，才能不忘本来，才能走得更远，因此，对中华优秀传统文化，习近平总书记强调“四个讲清楚”，即“要讲清楚每个国家和民族的历史传统、文化积淀、基本国情不同，其发展道路必然有着自己的特色；讲清楚中华文化积淀着中华民族最深沉的精神追求，是中华民族生生不息、发展壮大的丰厚滋养；讲清楚中华优秀传统文化是中华民族的突出优势，是我们最深厚的文化软实力；讲清楚中国特色社会主义植根于中华文化沃土、反映中国人民意愿、适应中国和时代发展进步要求，有着深厚历史渊源和广泛现实基础。”① 为继承、发展和创新中华优秀传统文化提供了基本的理论遵循。

从价值维度来讲，由中华优秀文化独特的价值系统和思维系统构成的中华民族世代相传的文化基因，是中国特色社会主义先进文化的价值渊源，这种基因密码是解读中华优秀传统文化的金钥匙。优秀传统文化的魅力和活力在于穿越时空的生命力，在于它可以融入现代文明中，融入我们今天的行为规范中。中华优秀传统文化价值内涵丰富，涵盖了民族精神、价值理念、宗教信仰、社会风俗、道德规范、政治经济制度等各个方面。其中，以爱国主义为核心的民族精神是中华优秀传统文化的精髓，是文化自信的核心内涵。千百年来，中华民族的民族精神不断凝练和升华，成为支撑中华民族脊梁的基因密码。敦厚的文化基因给中华民

① 习近平谈治国理政（第一卷）[M]. 北京：外文出版社，2018：155-156.

族繁衍生息、发展壮大提供了不可或缺的营养剂，也为我们建设社会主义文化强国提供了精神动力，为中华民族伟大复兴提供了智力支持，为建构文化自信提供了动力源泉。今天，我们提炼中华优秀传统文化的时代价值，把它内化到人民的日常行为习惯和生产生活中，与社会主义核心价值观相融合，使之具有崭新的时代意义和时代价值。比如，在社会主义市场经济条件下，大家在追逐自己合理利益的同时，要将古人“君子爱财，取之有道”的义利观和“允许一部分人先富起来”的勤劳观结合起来，用双手去创造财富。如古代“士为知己者死”“舍生取义”的君子风度，表现为视死如归的人性品格，可以延伸到革命战争年代有为青年追求光明、追求真理的过程中；“天行健，君子以自强不息”的锐意进取精神，不怕困难迎难而上的“愚公移山”精神，“苟日新、日日新”的求实创新精神，这些精神，从价值维度上来讲，可以与今天改革开放中敢啃硬骨头的精神结合起来，这些穿越时空的价值理念可以与我们正在干的事业契合在一起，共同构筑起中华民族的殷实精神家园，汇聚成建设新时代中国特色社会主义事业的磅礴力量，为文化自信提供价值支持。

从中西文化对比的角度来看，坚持文化自信可以重整民族雄风。近代以来，中华民族历经磨难，西方依靠技术革命在经济、政治、文化等方面取得巨大进步，由于清王朝采取闭关自守的政策，与外界的文化交流被人为阻断，中国在近代的落后不是中国人民的落后，而是清末统治者腐朽落后，是思想和制度的落后，但这种落后只是暂时的。中华民族是一个知耻而后勇的民族，在落后挨打后痛定思痛，学习西方的先进技术。在血与火的考验中，中华民族奋起直追，新中国成立以来，中国共产党带领中国人民把一个积贫积弱的旧中国变成了社会主义的新中国，正是中华民族基因中不服输的精神激励着中国人民去改变现状。清华大学国学院院长陈来认为，中华价值观之所以能为全球治理提供合理方案，就在于它与西方近现代价值观相比，表现出四大特征：一是责任先于自由。主张个人与他方构成关系时应以自我为出发点，以对方为重，个人利益要服务责任的要求。二是义务先于权利。特别是儒家价值观更强调义务的优先性。三是群体高于个人。强调以群体为本，群体在价值上高于个人。四是和谐高于冲突，强调社会和谐，以和为贵，追求和而不同。许倬云认为，长期独霸的西方文化，在走向全球化的今日，也必须有“他者”提供不同的思想与行为，匡救其数百年积淀的缺陷。实践表明，中国致力于走不同于西方中心论的世界发展之路，为解决人类共同面临的发展赤字、和平赤字、治理赤字提供中国智慧，贡献中国方案。[①] 而中国智慧和中国方案则是中国特色社会主义道路自信、理论自信、制度自信、文化自信的集中体现。习近平总书记在亚洲文明对话大会开幕式上发表主旨演讲时指出，应对共同挑战、迈向美好未来，既需要经济科技力量，也需要文化文明力量。中华文明是在同其他文明不断交流互鉴中形成的开放体系，始终坚持以更加开放的姿态拥抱世界，以更有活力的文明成就贡献世界，体现了中华传统文化的自信。中华文明的本质特征和伟大之处正在于她的开放性和包容性，中华文明用“各美其美”来表达对其他文明的承认与尊重，用“美美与共”来表达对不同文明和谐共生的追求，用“美人之美”来表达对异质文化的学习借鉴。这也是中华文明在漫长的历史岁月中不断保持旺盛生命力的重要原因。我们坚持把马克思主义与中华优秀传统文化有机融合，在国内推动物质文明、精神文明、社会文明、生态文明协调发展，创造了中国式现代化发展道路，创造了人类文明新形态。在国际上推动构建人类命运共同体，弘扬并坚持和平、发展、公平、正义、民主、自由的全人类共同价值观，为世界和平、全球治理、国际秩序注入强大中国力量，打破了“现代文明与西方文明”相互画等号的思维定式，以“文明共处论”代替“文明冲突论”，用互鉴代替冲突，促进各文明之间相互交流、相互融合、相互借鉴，摒弃了文明冲突论、国强必霸论等过时论调。突出强调走人类文明多样性的新道路，为人类文明发展特别是发展中国家的发展提供了全新的选择，在价值比较中坚定社会主义文化自信。

坚持文化自信，还要厚植传统文化的文化根基。习近平总书记指出：“一个国家选择什么样的治理体系，是由这个国家的历史传统、经济社会发展水平决定

① 李海燕. 以高度文化自信推动中华优秀传统文化“两创”［DB/OL］. http://www.dangjian.cn/shouye/sixianglilun/dangjianpinglun/202112/t20211230_6278707.shtml

的，是由这个国家的人民决定的。”① 我们的治理体系和治理能力，都是在中华民族历史和文化传统基础上内生演化、长期发展和不断改进的结果，在治理体系和治理能力上不可能搬来一座“飞来峰”。今天，“中国道路”“中国制度”“中国智慧”“中国方案”日益显现出强大的优势，离不开中华优秀传统文化的根基。中国共产党充分汲取中华优秀传统文化的精华，并把它与马克思主义基本原理充分结合，形成了具有中国特色的中国道路、中国制度、中国方案。中国共产党人将小康、大同、和谐、盛世这些古人向往的朴素愿望上升为国家治理方略；从传统民本思想出发衍生出“全心全意为人民服务”的执政理念；从家国一体、“家是最小国，国是千万家”协同治理理念衍生出我国政治制度的框架，即人民代表大会制度、中国共产党领导的多党合作和政治协商制度；从“为民请命”“当官不为民做主，不如回家卖红薯”的思想理念衍生出自我管理、自我服务、自我教育、自我监督的基层群众自治组织等；将“天下大同”“和而不同”“美美与共”的和谐包容理念提升为人类命运共同体理想；等等。中华优秀传统文化滋养了中国共产党治国理政的政治智慧，丰富了中国共产党的治理体系，提升了中国共产党的治理能力，为人类文明发展贡献了新的道路和新的方案。我们有理由自信，并且要坚定自信。

第三节 “己欲立而立人，己欲达而达人”的文化自立意识

对中华优秀传统文化进行创造性转化和创新性发展，这是继承和发展中华优秀传统文化的根本方法。习近平总书记提出：“怎样对待本国历史？怎样对待本国传统文化？这是任何国家在实现现代化过程中都必须解决好的问题。”对于这个问题，党的十九大报告提供了明确的思路，即要推动中华优秀传统文化创造性转化、创新性发展。创造性转化、创新性发展是中华优秀传统文化在新时代绽放

① 习近平谈治国理政（第一卷）[M]. 北京：外文出版社，2018：105.

光彩的正确路径。[①] 坚持什么样的立场，秉持什么样的态度，采取什么样的方式，是优秀传统文化“双创”的原则性问题。习近平总书记在传统文化传承发展方面提出三个观点，即“有鉴别地加以对待，有扬弃地予以继承”“与当代文化相适应，与现代社会相协调”“实现中华优秀传统文化创造性转化、创新性发展”。有学者把这三个观点简称为“两有”“两相”“双创”，三者有机统一，完整表达了传承发展中华优秀传统文化应遵循的方法论原则。[②]

如何进行文化自立，首先，要对中华优秀传统文化进行深刻的学理研究，这是实现“双创”的前提条件。根深才能枝繁叶茂，本固方得枝荣，只有深入研究中华优秀传统文化的“根”和“脉”，才能理清文化自立的基座，文化自立才能立得稳，站得牢。从时间上看，中华传统文化历经数千年的发展，时间跨度长，从内容上看，中华优秀传统文化博大精深，形成了十分丰富的思想内涵以及庞大的价值架构。只有深入剖析中华优秀传统文化的发展脉络，理清各朝各代各思想流派的基本观点、发展脉络、具体形式和历史影响，才能全面、深刻地理解中华传统文化的基本走向，区分精华与糟粕，辨识它的积极性和消极性，才能给中华优秀传统文化以客观、公正、历史的评价，才能将文化自立的基座打牢，进而才谈得上结合时代需要对中华优秀传统文化进行创造性转化和创新性发展，把其中所蕴含的思想观念、道德情操、家国情怀进行形式上的转化和内容上的创新。这就要求广大社科理论工作者广泛深入经史子集等古典文献中、老百姓口口相传的文化遗产中，进行创造性和挖掘性研究，而不是进行文物复古研究，目的是赓续优秀传统文化的生命力，为新时代中国特色社会主义先进文化提供可持续发展的源泉动力。

其次，把握时代脉搏，回应时代需求，促使中华优秀传统文化为中国特色社会主义文化发展服务，这是推动中华优秀传统文化“双创”的发力点。中华优秀传统文化积淀了深厚的历史经验和优良的历史传统，包含着中华民族几千年来对

① 唐明燕. 社科评论丨推动中华优秀传统文化创造性转化和创新性发展［EB/OL］. https://baijiahao.baidu.com/s?id=1691309921778165199&wfr=spider&for=pc,2021-02-10

② 李海燕. 以高度文化自信推动中华优秀传统文化“两创”［EB/OL］. http://www.dangjian.cn/shouye/sixianglilun/dangjianpinglun/202112/t20211230_6278707.shtml,2021-12-30

自然、社会和人类自身的认识。这些深刻的认识典藏在中华优秀传统文化中，需要我们进行创造性转化和创新性发展。正如习近平总书记多次强调的那样："中华优秀传统文化是中华民族的精神命脉，是涵养社会主义核心价值观的重要源泉，也是我们在世界文化激荡中站稳脚跟的坚实根基。"① 这个站稳的脚跟就是文化自立，是我们的精神命脉，是中华民族的根和脉，是中华民族的魂，是一脉相承、世代相传的，这是我们的立足点。"涵养"，说明中华优秀传统文化博大精深，思想富矿，为中华民族发展壮大提供思想营养，这是我们得以自立的营养源。从价值运用的现代性来看，培育和践行社会主义核心价值观，是当代社会凝神聚魂的凝固剂，构建社会主义核心价值体系是当前我国在精神文明建设领域的重大课题，事关立德树人、培育什么样的人和怎样培育人的问题，与文化建设息息相关，与人民的精神状态密切联系，与国家和民族的未来发展密切相关。以此为抓手，深入探索中华优秀传统文化与社会主义核心价值观、社会主义核心价值体系之间的内在逻辑关联，深入发掘其对社会主义核心价值观的涵养功能，将有助于充分发挥中华优秀传统文化的现代价值。从另一方面讲，中华优秀传统文化在与其他文化交流的过程中，也需要自立自强，保持自身特色。作为一个具有五千年灿烂文化的文明古国，文化成果灿若星辰，如何彰显这些耀眼的文化、体现中华民族特色、重塑中国精神、展示中华形象，需要文化作为大使进行对外宣传。中华优秀传统文化在对外进行宣传的过程中，既是形式也是内容，展示出鲜明的中国作风和中国气派。中华优秀传统文化作为中国人的根和魂，存续于中华民族的心理架构中，沉淀在中华民族的日常行为习惯中，塑造着中国人的精神品格，潜移默化地影响着中国人的思维特点和处世方式，以温良恭俭让和睦共处著称于世。可以说，中华优秀传统文化不仅是中国古代先贤生存智慧的结晶，还是中华民族自立于世界民族之林的根基，更是中华民族区别于其他民族的显著标志。此外，中华优秀传统文化"包容和谐"的风范，在坚持自身民族特色的基础上，充分吸收其他民族的优秀文化成果，为我所用，主张求同存异兼容并包，不

① 习近平. 在文艺工作座谈会上的讲话［M］. 北京：人民出版社，2015：25.

同文化、不同文明充分发挥自己的长处“各美其美”，同时在国际大舞台上大家和睦共处“美美与共”。中华优秀传统文化正是在“各美其美”的基础上与其他文化“美美与共”的，因此，文化自立是中华优秀传统文化在新时代焕发生机和活力的根基所在，也是走向世界舞台的前提条件。

再次，积极探索中华优秀传统文化介入现代生活的可行路径。中华优秀传统文化是中华民族改造社会、改造自我的集体智慧结晶，在历史上曾发挥了引领社会风尚、规范社会行为的巨大作用。虽然今天中国的经济基础、政治结构、社会组织、家庭构成、国内外发展环境等方面与古代相比发生了很大变化，有很多观念已经不能完全适应现代社会发展的需要。但是人类发展史就是一部继承史，中华优秀传统文化在待人接物、人伦规范、家庭和睦、敬老爱亲、长幼有序等方面有十分突出的优势，其价值理念仍包含着对亲情乡情的肯定，对国家民族的忠贞，对宗族集体的维护，扶危济困、乐善好施的社会风尚，尊老爱幼、童叟无欺的交往理念，这些良好的社会风尚在规范和稳定社会方面相比于西方个人主义有着突出的优越性。从传统文化与现代社会的亲近度来讲，中华优秀传统文化中家庭关系、伦理关系是最容易唤起中国人忆旧情怀的情感入口，如今天的家书家训热，《傅雷家书》是傅雷教导儿子的经验之谈，《梁启超家书》堪称中国家庭教育的楷模，《颜氏家训》《弟子规》虽离今天比较久远，但仍具有超越时空的伦理指导意义。随着时代的变迁，有些说法和做法不适合今天的社会生活，但对其中的内涵进行创造性转化和创新性发展，仍大有可为。比如，在家庭家风建设方面，习近平总书记指出：“家庭是社会的基本细胞，是人生的第一所学校。”这个细胞奠定了个人成长的基因，这所启蒙学校决定了一个人以后成长发展的氛围。家和国是相互联系的，家是最小国，国是千万家，家庭生活与社会生活紧密相连，无论时代怎样变化，对一个社会来说，家庭生活既是不可或缺的也是不可代替的，家庭的社会功能和教育功能有其独特的作用，家庭教育无论过去、现在还是将来都承担着不可或缺的社会教化功能，它与学校教育、社会教育相互促进、相互补充，对自立和立人都有很大的启示意义。中华传统文化历来重视家庭建设，更重视家庭教育，将血脉亲情视作家庭建设的根基。爱家首先要孝顺父母，夫妻和睦，把家比作遮风挡雨的港湾，同时注重良好行为习惯的养成，将修身看作成就事业的根本。还有其乐融融的家庭文化，“路途再远，过年也要回家”的春节家文化，这些都是中华优秀传统文化留给我们的丰厚资产，用习近平总书记的话来讲，也是我们的家庭不动产，可以世代相传。我们在研究传统文化的过程中，要将这些无形的资产融入新时代的家庭建设中，融入社会建设中。对党员干部来讲，还可以融入党规党纪的建设中，组建家庭防火墙，把社会不良风气阻挡在外。自立就是注重个人修为，“出淤泥而不染、濯清涟而不妖”，注重个人心理健康。现代社会竞争激烈，年轻人进入职场，面临各种压力，也会面对各种诱惑，特别是在社会急剧转型时期，一些年轻人心态浮躁，不愿意安下心来做事业、学东西，特别是对那些只身在外漂泊的“漂”族来说，如果没有一定的定力和自立能力，要么容易陷入迷茫、焦虑的情绪中，要么出现躺平的啃老心态。中华优秀传统文化中蕴含着丰富的鼓励年轻人自立自强的思想源，如“凿壁偷光”“囊萤映雪”“闻鸡起舞”“三更灯火五更鸡，正是男儿读书时”等这些自立自强的例子，对纠正当代年轻人浮躁的心态仍是大有裨益。例如，儒家思想对人生价值的追求把义放在首位的知性认识，“祸兮福所倚，福兮祸所伏”的祸福相依思想，教导年轻人辩证看待逆境与顺境。在将中华优秀传统文化融入个人身心修养和家庭建设的过程中，无论就其内容还是形式上说，都要对之进行创造性转化和创新性发展，把传统文化中艰涩语言演变成人民群众听得懂、记得住、用得了的大众化语言。就其形式来讲，可以把优秀传统文化的精髓与现代艺术形式结合起来，探索人民群众特别是年轻人喜闻乐见的传播形式，如中央电视台推出的节目《经典永流传》，把对现代具有启迪意义的经典文化经过艺术再创造，用现代的形式复活经典的灵魂，这就是一个很好的例子；再如《百家讲坛》，学者用通俗化的语言解读经典，用现代生活常识解读经典，复活了经典的精髓，使之在年轻人群体中入耳入心。只有借助现代艺术、现代语言、现代思维、现代科技，才有助于提升年轻人对中华优秀传统文化的认知度，才有助于使中华优秀传统文化真正走入他们心中，让这些精髓真正活在他们的思想里，体现在他们的日常生活中，把经典的优秀传统文化艺术地传递下去。在智能手机时代，微博、微信、抖音、大众娱乐节目等都可以为优秀传统文化的创造性转化和创新性发展提供平台。

最后，文化自立要有国际视野。我们既要珍视自己的优秀传统文化，也不盲目排斥外来文化，在坚持独立性的基础上兼收并蓄、兼容并包。正如习近平总书记所讲的那样，如果我们的人民不能坚持在我国大地上形成和发展起来的道德价值，而不加区分、盲目地成为西方道德价值的应声虫，那就真正要提出我们的国家和民族会不会失去自己的精神独立性的问题了。如果没有自己的精神独立性，那政治、思想、文化、制度等方面的独立性就会被釜底抽薪。[①] 文化自信是更基础、更广泛、更深厚的自信，在互联网信息时代，外来文化大量涌入，世界性的文化交流日益频繁，传统文化只有保有自我反省、自我批判、自我更新的意识，积极地吸收异质文化中的有益因素以实现建设性转化，才能为子孙后代守住精神家园，使传统文化在新时代焕发光彩。[②]

尊重文化发展规律，是保持“双创”真实性和有效性的发展途径。在“双创”的进程中，有两种倾向是必须警惕的：一是全盘否定的文化乞丐心态，对中华传统文化中的优秀特质、文化金矿不屑一顾，以唯西方马首是瞻的心态，全盘否定中华传统文化，否定中华优秀传统文化的合理内核。二是全盘肯定，盲目夸大传统文化的范畴、内涵，认为今天面临的一切问题都可以从传统文化中找到现成的答案，不顾历史条件，盲目夸大传统文化中不合时宜的部分，这是对历史无知的表现，更不能借国学热将传统文化中的糟粕沉渣泛起，以文化之名行牟利之实。对优秀传统文化的传承不是哗众取宠，也不是消费古人，而是去粗取精，去伪存真，挖掘传统文化的现代性，用优秀传统文化凝聚共识、凝聚力量，寻找中华民族的最大公约数，为中华民族伟大复兴贡献力量。正如习近平总书记指出的，提高国家文化软实力，要努力展示中华文化独特魅力，要把跨越时空、超越国度、富有永恒魅力、具有当代价值的文化精神弘扬起来，把继承传统优秀文化又弘扬时代精神、立足本国又面向世界的当代中国文化创新成果传播出去。党的

① 习近平．在省部级主要领导干部学习贯彻十八届三中全会精神全面深化改革专题研讨班上的讲话［DB/OL］．https://www.ccps.gov.cn/xxsxk/xldxgz/201908/t20190829_133857.shtml

② 唐明燕．社科评论丨推动中华优秀传统文化创造性转化和创新性发展［DB/OL］．https://baijiahao.baidu.com/s?id=1691309921778165199&wfr=spider&for=pc,2021-02-10

十九届五中全会明确提出了到2035年建成文化强国的远景目标，对“十四五”时期推进社会主义文化强国建设进行了战略部署。这需要我们以比以往任何时候都富有创造力的激情，锤炼实现梦想的能力，增强续写奇迹的信心，在推动优秀传统文化“两创”、提高文化软实力、坚定文化自信、让中华文化走向世界的征程中奋勇向前。①

第四节 “苟日新，日日新，又日新”的文化自强意识

文化软实力是综合国力的重要组成部分。文化强则国强，文化事关国运的兴衰、国家的强盛、民族精神的独立，一个国家、一个民族只有建立起强大的文化软实力，创造出强大的文化生命力，才能在世界文化大交流大碰撞中保持自身的独立性，显示出强大的文化吸引力。文化是一个民族对外交往的名片，无论世界如何变化发展，中华优秀传统文化始终是我们对外交往的灿烂名片。文化自强是建立在文化自信的基础上的，文化自强要立足中国特色社会主义这个最大的实际，自力更生，艰苦奋斗，把立足点放在依靠自身力量之上，充分挖掘中华优秀传统文化的魅力，增强中国特色社会主义文化的竞争力、影响力和创造力，把文化资源转变成文化实力，用文化经济造就文化强国，使之与经济、政治、社会、生态并驾齐驱。党的十八大报告指出：我们一定要保持高度的文化自觉和文化自信，在社会主义先进文化的指引下，建成社会主义文化强国。文化自强与文化自信是辩证统一的，文化自信是文化自强的前提和基础，失去了文化自信，文化自强就变成一句空话；文化自强的实现又会极大提升文化自信，提升文化自信的定力。只有对自身文化充分自信，才能产生强大的文化推动力，推动文化事业和文化产业做大做强，创造强大的文化自信力和凝聚力，形成巨大的文化吸引力，才能在文化大交流、大发展、大碰撞中应对困难和挑战，最终建成社会主义文化强

① 李海燕. 以高度文化自信推动中华优秀传统文化“两创”［DB/OL］. http://www.dangjian.cn/shouye/sixianglilun/dangjianpinglun/202112/t20211230_6278707.shtml

国。自信源于对自身能力的肯定，源于对自我发展的清醒定位，只有加强文化建设，增强文化自信和文化自强的底蕴，做大做强中华优秀传统文化的影响力和竞争力，提升中国特色社会主义先进文化的创造力，繁荣社会主义文化，才能推动中国特色社会主义先进文化持续、健康发展，为建设社会主义文化强国提供内生动力。建设社会主义文化强国，要处理好与优秀传统文化的关系，建设社会主义文化强国的前提条件是对优秀传统文化的批判继承，在这个基础上进行创造性转化和创新性发展，诚如马克思所言，人们自己创造自己的历史，但是他们并不是随心所欲地创造，并不是在他们自己选定的条件下创造，而是在直接碰到的、既定的、从过去承继下来的条件下创造。[①] 对今天的文化建设来讲，这个“既定的、过去继承下来的条件”就是中华民族创造的灿烂的优秀传统文化，没有这个既定的条件，就没有今天的文化建设成就，也无法创新。继承是创新的前提条件，因此，建设社会主义文化强国是建立在对中华优秀传统文化继承的基础上的。此外，要处理好社会主义文化与外来文化的关系，社会主义文化要实现自强，不是盲目自大也不是盲目排外，在这个世界，没有哪一个民族比哪一个好，也没有哪一个民族文化比哪一个民族文化更美，因此，所有民族都设法补充自己。一个民族发展的程度越高，它就越有必要补充自己，因而也就越有活力。文化自强是建立在取长补短的基础上的，是不断吸纳其他一切优秀文明成果的结果。建设社会主义文化强国要有科学的方法，既要用马克思主义的世界观、方法论去指导建设社会主义文化强国，又要处理好与中华优秀传统文化之间的关系。

文化强国是创造出来的。作为文化大国和文明大国，我国文化建设要立足社会主义初级阶段这个实际，正确看待评估自己的历史文化，正确对待其他国家和民族创造的文化，不复古、不媚外，走中国特色社会主义文化发展道路，建设具有强大吸引力、创造力的社会主义新文化，锻造出具有强大竞争力和充满无穷魅力与活力的社会主义文化事业和文化产业，按照“不忘本来、吸收外来、面向未来，更好构筑中国精神、中国价值、中国力量，为人民提供精神指引”的方向构

① 马克思恩格斯选集（第1卷）[M]. 北京：人民出版社，1995：585.

筑社会主义文化强国。坚持不忘本来。任何一个国家的文化，都有其既有的传统、固有的根本。抛弃传统、丢掉根本，就等于割断了自己的精神命脉，就会丧失文化的特质，文化自强就会成为无源之水、无本之木。对于当今中国来说，源远流长的中华优秀传统文化、作为党和国家指导思想的马克思主义、党领导人民创造的革命文化和社会主义先进文化，就是中华文化安身立命之“本来”，必须始终不渝地坚持、与时俱进地弘扬，使其惠及当代、泽被后人。[①] 对于那些数典忘祖、蔑视传统的历史虚无主义，在网上哗众取宠、博人眼球、无视道德底线和法律红线的诋毁英雄、消遣革命、戏说崇高等恶搞行为，不但要坚决抵制，还要给予法律的惩处。当然，不忘本来绝不是自我封闭、画地为牢，而是要立足新时代、新实践，顺应社会发展潮流，推陈出新、守正创新，把科学梳理、精心萃取与创造创新结合起来。坚持不忘本来，既是历史需要，也是现实必然。在新时代，我们只有不忘本来才能开创未来，才能在纷繁复杂的社会思想文化中区分主流和末流，区分积极与消极，甄别先进与落后，有效引领各种社会思潮，传递社会正能量，摒弃有毒“鸡汤”，抵御腐朽文化侵袭，打造风清气正的网络文化，建立思想文化的防风墙，守住我们的文化阵地。建设文化强国，必须注重文化交流与合作，任何一种文化要发展壮大，都不能与世隔绝，都需要从其他文化中汲取养分，都需要合理吸收其他文化的养分，这样才能做大做精做强，才能超越自己也能超越别人。毛泽东同志指出，我们应该大量吸收外国有益的先进的文化，作为自己的文化原料和文化养料。以什么样的态度对待外来文化，开放还是封闭？考验着一个国家和民族的文化自信。文化生态是一种循环体系，需要不断吸收其他文化的养分，但不是变成其他文化。越是自强，越能够以积极的态度对待和吸纳外来文化，越能够在同外来文化的互动交流中得到丰富发展。中华文明就是在与其他文明交流中发展壮大起来的，如印度的佛教文化、西亚的伊斯兰文化通过古丝绸之路来到中国，与华夏文化结合，形成独具特色的中华文化。海纳百川才见其大，广泛吸纳、融汇、消化外来优秀文化成果，是推动中华文化繁荣兴

① 中共中央党校（国家行政学院）. 习近平新时代中国特色社会主义思想基本问题［M］. 北京：中共中央党校出版社，2020：165.

盛，实现文化自强的必然要求。中华文化之所以具有强劲的生命力且历久弥新，就在于它一直以开放包容的姿态、兼收并蓄地吸收其他一切优秀文明的成果。开放包容不是盲目崇外，兼收并蓄不是照单全收，而是为我所用，用来发展、丰富和壮大自己而不是代替自己。外来文化五花八门，形形色色，不同的文化各有特色、各有千秋，各种文化都有自己的地域性、民族性、历史性和局限性，都有精华和糟粕之分。对于外来文化，我们要采取拿来主义，进行分析鉴别，为我所用，做到辩证取舍，而不是迎合，防止西方一些不良用心的人披着文化交流的外衣对我国进行文化侵略和文化渗透，如果不加鉴别、良莠不分，甚至把别人扔掉的糟粕和垃圾当作宝贝加以引进，则会贻害无穷，毒害我们的青少年。对外来文化全面肯定和全面否定的态度都是不可取的。建设文化强国，目的是吸收外来文化的有益成分，对我们自己的文化进行补充，贵在为我所用、以我为主，而不是反客为主，用别人的东西取代自己，重在外来文化的中国化、本土化，并对之进行创造性转化和创新性发展，使之在中国的土地上开花结果。在平等相待的基础上，美人之美、美美与共，与其他文明互学互鉴，不断深化文明交流，发展壮大自己，建设社会主义文化强国。

当今世界正处于百年未有之大变局中，建设社会主义文化强国必须高瞻远瞩，以前瞻性眼光和战略性思维未雨绸缪、抢占先机。要洞察世界文化发展大势，在互联网信息时代，文化发展日新月异，文化交流越来越频繁，文化与科技的结合越来越紧密且更新换代越来越快，伴随着我国硬实力壮大和国际地位的快速提升，中国越来越走近世界舞台的中央，中国的发展变化越来越引起世界的关注，世界也更加关注中国的发展，特别是传统文化的传播态势，如孔子学院。在这种情况下，我们要抓住机遇，把文化创新与科技创新结合起来，用科技创新手段激活优秀传统文化的基因密码，把握变局，创造格局，用科技创新来创设和传播中华优秀传统文化。在全民互联网信息时代，网络成为文化传播的巨大舞台，谁掌握了互联网，谁就掌握了文化传播的主动权，因为网络的传播是以几何级数增长；谁在网络文化的发展上抢得先机，谁就在文化发展上拔得头筹，就能占领文化发展的制高点。所以，建设社会主义文化强国一定要用好、用足、用活网络，把网络变成我们文化发展的主要阵地和发展领地。改革开放四十多年来，我们从追赶到超越到领先，成功走出了一条中国特色社会主义文化发展道路，为我们今天的文化繁荣提供了制度和理论保障。尤其是随着我国文化体制改革不断深入，文化生产力进一步解放，文化活力进一步释放，文化事业蒸蒸日上，文化产业规模性发展，文化市场全面繁荣，文化产品丰富多彩，文化精品层出不穷，丰富了人们的精神文化生活。建设文化强国一定要立足中国特色社会主义实践，牢牢把握世界百年未有之大变局，抢先第四次科技革命，顺应并引领世界文化发展潮流，不断进行文化创造和文化创新，用中华优秀传统文化为中国特色社会主义文化自强加油助力。

第二章　本固邦宁
——“江山就是人民，人民就是江山”的民本思想情怀

第一节　“治国有常，而利民为本”的人民至上思想

从国家治理层面来看，自古就有“民惟邦本，本固邦宁”“得民心者得天下”的“政得其民”的思想。“民惟邦本”出自《尚书·五子之歌》：“皇祖有训，民可近，不可下。民惟邦本，本固邦宁。”意思是说民众是用来亲近的，不是用来欺凌的，用老祖宗的话来讲，老百姓是国家的根本，老百姓安居乐业了，国家就会太平。从社会治理层面上讲，民是国之根本，爱惜民力，重视民生，老百姓就会拥护你，你就拥有了江山。“政得其民”出自《孟子·离娄上》，指出“得天下有道，得其民，斯得天下矣；得其民有道，得其心，斯得民矣”，这里，孟子把天下与民和民心联系起来，并且指出了得天下的规律，天下得失的根源在于重民还是轻民，爱民还是贱民，民是国家的根本，所以叫民为邦本。“民本”是中国古代社会政治治理的核心理念，也是社会治理的根本。政之得失在于对人民的态度，统治者亲民则民亲之，反之，统治者暴民、掠民则民反抗之，结果是江山易主。以孟子为代表的民本思想家得出了“载舟覆舟”“顺昌逆亡”的从民欲思想。这种思想经过历代思想家的不断丰富和发展，形成了大家所熟知的“君者，舟

也；民者，水也。水能载舟，亦能覆舟”民贵君轻思想，这与马克思所讲的“人民群众是历史的创造者”观点是一致的，习近平总书记指出：“政之所兴在顺民心，政之所废在逆民心。”全心全意为人民服务，是我们党一切行动的根本出发点和落脚点，是我们党区别于其他一切政党的根本标志。[①]

一、重民生

在中国传统文化中，一直有一种朴素的民本思想，儒家把它凝炼为“仁政”两个字，在孟子那里表现为民贵君轻，在唐太宗李世民那里体现为水与舟的关系，说的就是要关心和体贴老百姓。千百年来，厚重绵长的民本思想给历代统治者提供了治国理政的政治智慧。

十八大以来，中国共产党不断总结中国特色社会主义建设和发展的经验，习近平总书记发表了一系列治国理政的重要讲话，提出了一系列新政策、新主张，在这些重要讲话中，随处都体现中华优秀传统文化的思想精髓，并对它进行了创造性转化和创新性发展。在党的十九大上，习近平总书记作了“决胜全面建成小康社会 夺取新时代中国特色社会主义伟大胜利”主题报告，强调中国共产党人的初心和使命就是为中华民族谋复兴，为中国人民谋幸福，让全体人民过上幸福美好的生活，这个初心和使命的核心就是“民本”，即以人民为中心，这与儒家仁政思想有很大的共通之处，体现了马克思主义与中华优秀传统文化的有机结合。换句话说，幸福是谋给人民的，让人民共有、共享，就是让老百姓共享改革开放的成果，共享美梦成真的机会，共享同时代共同发展进步的机会。通过出台一系列相关制度，使惠民政策落地生根发芽，让老百姓在惠民政策中共建共享，得到实实在在的利益，拥有更多的幸福感、获得感、使命感。这种幸福感、获得感体现在老百姓最关心、最直接、最现实的物质利益上。

治国有常，而利民为本。以人民为中心是民本思想在今天的说法，中国共产党在对它进行继承的基础上对它进行了创造性转化和创新性发展。古代民本思想

① 习近平谈治国理政（第一卷）[M]. 北京：外文出版社，2018：28.

主要讲的是经济利益，中国共产党的民本思想是全方位的，急民所急，解民所忧，不但体现在经济上，而且体现在政治、文化、社会、生态各个方面，是多角度、全方位的。“圣人无常心，以百姓心为心”，这个“百姓之心”就是今天所讲的民心。打江山、守江山，守的就是人民的心，中国共产党作为中国人民和中华民族的先锋队，就是要永远把人民的利益放在第一位，想人民之所想，盼人民之所盼，坚守初心永不褪色。以民心为己心，急人民之所急，不以权谋私，不私心自用，始终保持党和人民群众的血肉联系，做到发展为了人民，发展依靠人民，顺应人民群众对美好生活的向往需求，把发展成果由人民共享落在实处。

治国有常，这个常就是保持政策的稳定性。古人讲，治大国若烹小鲜，不折腾百姓。就是说治国不能朝令夕改，如果治国无常会让老百姓无所适从，因此，要治国有常，要以民为本，以人民的利益为根本利益，不误农时，不伤农事，不能动不动就折腾老百姓。治国有常，还要以利民为本，不能以害民为本，一个人，一个家，一个社会，一个国，经不起朝令夕改的折腾。统治者要是把老百姓折腾得太厉害了，老百姓就要揭竿而起，秦始皇修长城、建宫殿、修陵墓、发岭南，每件事都是动辄几十万、上百万劳力，耗钱无数，换句话说，秦始皇把他的帝国“翻”得太厉害了，没有让老百姓休养生息，最终二世而亡；隋炀帝凿运河、游江都、征高丽，也是二世而亡，这些都是治国无常，不爱惜民力，不爱护百姓的结果，也就是忽视“民本”的后果。因此，我们党无论出台什么方针政策，其落脚点、出发点一定是人民，都要做到一切为了人民、一切依靠人民。

“治国有常，而利民为本”（《淮南子·氾论训》），这句话的意思通俗易懂，从字面上来看，就是说治理国家不能翻来覆去，最根本的方法是让老百姓获得实实在在的利益。这句话中所提到的利民，指的是统治者不与民争利，让老百姓过上幸福体面的生活。也只有让老百姓得到实实在在的好处，老百姓才会拥护你、爱戴你，包容你、承载你，政权才会稳固，社会才得以长治久安。习近平总书记曾引用这句话，旨在告诫广大党员干部，无论是做决策还是推行动，都要把利民放在首位，凡是不利于民的事情都要去抵制，凡是有利于民的事情都要去尝试，利民之事不能只停留在口头上，藏在文件里，关在抽屉里，而是要落在切切实实的行动上，把利民政策变成利民措施，把利民措施变成利民行动。作为党的各级领导干部，要常怀利民之心，常行利民之为，在工作中不断强化执政为民的理念，把人民群众的根本利益放在首位。作为基层党员干部，要不忘初心、牢记使命，勇于担当、敢于担当，在最基层、最朴实的岗位把民本思想践行下去。党员干部要到最艰苦的地方去，克服官僚主义和享乐主义，多想有利于人民的事，多做有益于人民的事，把帮老百姓解决问题作为各项工作的出发点和落脚点。毛泽东讲，领导干部的工作就是解决问题，用今天的话来说，就是为老百姓办实事，并且要踏踏实实为老百姓办实事，真正做到为老百姓排忧解难，为老百姓谋福祉。“治国有常”，这个“常”也是工作思路和方法，不拘泥于某一种形式，以敢于开拓和创新的精神，因地制宜、因事制宜，把办实事的落脚点落在老百姓的衣食住行上，落在老百姓困难的解决上。用习近平总书记的话来讲，空谈误国，实干兴邦，无论是领导干部还是广大人民，都要把实干放在首位，干在实处走在前列，才能把美好的蓝图绘就。

为人民谋幸福，就是党员干部要为老百姓办更多的实事，办更多的好事，要让老百姓真真切切感受到党的温暖和中国特色社会主义的美好。只要是利民，只要是符合实际，就要抓落实，抓到位，抓出成效。唯有把利民为本转化为实际行动，扎根基层，扎根一线，才能行利民之好事，赢人民之拥护。历史和现实都告诉我们，治国不能劳民伤财，治标还要治本，这个本就是民，要养民、生民、富民，重在休养生息，不要与民争利，而是让利于民。“治国有常，而利民为本”，这个道理看起来简单，但真正付诸实践，还要看当时统治者意愿，从历史来看，真正把它实现好并不容易，除了几个盛世以外，很多朝代都没有真正做到利民为本。让人民过上美好的幸福生活绝不是一句抽象的空话，这就需要破除利益固化的藩篱，清除既得利益者形成的利益固化集团，把利益向老百姓倾斜，让老百姓得到实实在在的利益。我们提出全面深化改革，说明改革开放力度还不够，也说明改革开放进入新阶段，一是全面，以前没改到位的现在要改，涉及各方利益，范围广；二是深化，表明改革已经进入深水区，要往深处走，不能只满足于既得成果，要敢于啃硬骨头、涉险滩，说明利益分配还有待改革，真正惠民、利民政策还没全部到位，并且随着社会的发展不断深入，当前重在一个“谋”上。没有这种“谋”的勇气，我们的事业就会停滞不前，就会慢慢落后，美好的蓝图只是喊破了嗓子，没有甩开膀子干，利民之事只会变成纸上谈兵、画饼充饥的幻想，不能转化为实实在在的利益。

利民为本不是领导干部挂在嘴边的漂亮口号，贵在落实，重在生根，从人民的根本利益出发，说一千道一万，不如做给老百姓看，重要的是甩开膀子干，干出实效，干出业绩。对于这一点，领导干部更要懂得老百姓的心，懂得老百姓的需要，只有这样，才能让老百姓得到看得见摸得着的好处，只有这样，老百姓才会拥护你、支持你，你的工作才能体现价值，而不能只做面子工程。随着时代的发展，治国理政的方法可能不同，但不变的是始终维护人民的切身利益，要让当时的人民过上美好的生活。治国理政可能不会有固定的模式和规则，但最要紧的是让政令畅通，政令不在多，贵在执行，一打纲领不如一次实际行动。政令也不在高大上，贵在切合实际，因此，在每一个政令颁发之前，都要经过充分的调查研究，要结合当时的时代实际和社会实际，结合人民的需求实际，充分考虑人民的利益并切实维护人民的利益。这种需要是顺应老百姓呼声、得到人民衷心拥护的，而不是领导干部拍胸脯、拍脑袋的心血来潮之作。

今天弘扬优秀传统文化，就是充分挖掘优秀传统文化中治国理政的思想精华，吸收它、消化它，把它与今天的实际结合起来，变为自己的行动理念，对我们今天来讲就是在坚持和发展中国特色社会主义道路、制度和理论的基础上，对优秀传统文化进行创造性转化和创新性发展，并随着时代的发展而发展，也就是说要让它常用常新，不断迸发出新时代的生命力。

二、兴民德

说到兴民德，管子在两千多年前曾说：“仓廪实则知礼节，衣食足则知荣辱”（《管子·牧民》），这说明物质财富和精神财富对一个人都很重要，并且相互依存，相互促进。只有粮仓充足，衣食丰盈，才能重视礼仪、重视荣辱；只有重视精神文明建设，物质文明建设才有保障。因此，对广大党员干部来讲，保持崇高的精神很重要，但对普通老百姓来讲，让他们饿着肚子讲道德、讲文明、讲礼仪，一天两天可以，长年累月不现实。人民所追求的一切都与他们的物质利益有关，虽然一个人的追求目标绝不应该只限于物质利益，但是物质利益是个前提条件，没有任何物质利益，精神文明也搞不起来，即使搞了也不得长久。所以，邓小平讲发展是硬道理，是解决一切问题的关键，从温饱到小康到以后的共富，靠的是发展，从站起来、富起来、强起来靠的也是发展。也只有在物质财富发展起来之后，才能对老百姓进行人伦、道德教化。正如孟子所言："恻隐之心，人皆有之；羞恶之心，人皆有之；恭敬之心，人皆有之；是非之心，人皆有之。"（《孟子·告子上》），这是人之为人的前提条件，要不就与动物没什么区别了，这也是人类社会发展的重要标志之一。不断提高老百姓的道德素养，这是为政者的责任，正所谓"人不学，不知义"（《三字经》）。孔子有言："民无信不立"（《论语·颜渊》），孟子也有类似的思想，如"谨庠序之教，申之以孝悌之义"（《孟子·寡人之于国也》），这句话是说物质欲望满足后，还要满足大家的精神需求，规范伦理秩序，因为强行的政令与潜移默化的教育相比，潜移默化的教育更容易赢得民心。

教育是具有目的性的，德性在于培养，人生下来就如一张白纸，礼仪道德等社会规范是后天获得的。教民什么？教民以社会规范，教民以廉耻、羞恶、是非、恻隐之心，教民洁身自好，教民廉洁自律。"政者，正也"（《论语·颜渊》），为政者，就是要尊时守位；"德者，得也，行道而有得于心者也"（《四书章句集注·学而篇》），有德行者，就是内心有所感悟。没有修养的人是无以为德的，也无法向善向上的，更不用说礼义廉耻了。善政的基础是德政，德政的前提是有善民，善民的前提是有善教，有公序良俗，社会教化的前提是有善心善行，对暴行者讲德是没有用的。在不同的时代，道德主题所侧重的内容也会有所不同，但善德、善政的核心是不变的，放在今天同样重要。

习近平总书记强调，核心价值观，其实就是一种德，既是个人的德，也是一种大德，就是国家的德、社会的德。国无德不兴，人无德不立。[①] 国无德不兴，强调的便是道德对于个人、对社会、对国家发展的重要性。立德才能树人，德是人才的首要标准，立德是立身的根本，对于广大党员干部来讲，更是如此。中国共产党历来重视道德修养，刘少奇专门写了一本书叫《论共产党员的修养》，从党性修养的高度论述了共产党员操守的重要性。毛泽东在革命战争年代就提出不给领导人做寿，不用领导人的名字来命名地名等，对党员干部的修养提出了超出一般群众的要求，强调党员干部要有高尚的品德，在延安艰苦的环境中，毛泽东强调每个共产党员要做高尚的人，做有道德修养的人，做脱离了低级趣味的人、有益于人民的人。道德修养的程度决定了一个人的品德高度和纯度，良好的品德需要保持严格的自律，正如毛泽东对广大党员干部提出的两个务必：务必使同志们继续地保持谦虚、谨慎、不骄、不躁的作风，务必使同志们继续地保持艰苦奋斗的作风。虽然时代不同，但是警示和教导在今天仍有重要的借鉴意义。今天有一些贪腐干部缺乏官德，没有政德，少有品德，就是没有树立为人民服务的意识，缺乏羞恶廉耻之心，甘愿被“围猎”，说到底是品德缺位，信仰缺失。

如何修德？修德与博学是分不开的，非博学无以厚德，一些干部思想滑坡是从放松学习开始的，以工作繁忙为借口，不愿学、不想学、不去学，一心只想着个人得失。其实，只要你想学，总会挤出时间的，少一些应酬，多一些学习，这样才能更好地跟上时代，跟上自己工作岗位发展的需要。学习既可以增长本领也可以修养品德，党员干部要树立为国家服务和为人民服务的政治意识、大局意识、核心意识、看齐意识。政治、大局、核心、看齐意识是共产党人的政德，也是个人的品德，养大德者方可成大业。没有大局意识和看齐意识，平时的工作、想法甚至做法就会局限于一隅，打不开思路，迈不开步子，造成目光短浅。同时，大局意识还是整体和部分的统一，目标与行动的统一，需要脚踏实地从小事做起，从自我做起。这就需要我们踏踏实实，不断修好公德、管好私德，还要勤于劳动，心怀感恩，乐于助人，知礼谦让，心怀宽容，不断自省、自律。现在中

---

① 习近平谈治国理政（第一卷）［M］．北京：外文出版社，2018：168.

国已经是世界第二大经济体，物质文明发展到了一定程度，必须建立与之相适应的精神文明，传播好中国声音，树立好中国形象，在国际上承担起更多责任，彰显大国担当。我们提出中国梦，就是中华民族要在世界上树立良好的形象，要讲好中国故事，以国家名义来宣示中国的形象。今天立足中华优秀传统文化，培育践行社会主义核心价值观，就是要为中华民族凝神聚魂，增强道德修养，做到法治与德治相辅相成，相互补充，相得益彰。因此，德治无论是在过去、现在还是将来，都是社会治理的一个重要内容，德治是社会的良知。

2014 年 5 月 4 日，习近平总书记在北京大学师生座谈会上发表重要讲话。他强调，要立志报效祖国、服务人民，这是大德，养大德者方可成大业。同时，还得从做好小事、管好小节开始起步，踏踏实实修好公德、私德，学会劳动、学会勤俭，学会感恩、学会助人，学会谦让、学会宽容，学会自省、学会自律。习近平总书记从报效祖国的角度阐述立公德与修私德的重要性，养大德是从行私德开始的，无数美好的小德积聚成大德，经过无数次“迁”和“改”达成，“见善则迁，有过则改”（《周易·益》），这句话表达的正是这个道理。我们今天应该怎样做一个合格的公民呢？就是要常比较，所谓三人行必有我师，要经常将自己的德行与他人对比，看见别人比自己好的地方，要虚心向他人学习，这也叫近朱者赤，向那些品德高尚的人靠拢，“见善则迁”，学习他，超越他。如果发现自己做错了，或者做得不够好，这个时候应该及时改正。只要有“见善则迁，有过则改”的勇气，在实践中不断完善、不断进步，才能做一个正人君子，放到今天，那就是要做一个合格的公民。对于这句话的理解，包含几层意思，第一层，就是我们要保持着一颗永远向上、永不满足的心，要不断进步，做人、做学问的止境是无限的，用马克思的观点来讲就是每一次探索都只能接近真理，而不能穷尽真理，俗话讲天外有天，人外有人，只要不断攀登，善是不断完善的，不管是“见善则迁”还是“有过则改”，它说的都是要进步，没有最好，只有更好；那么，我们应该如何进步，如何更好呢？在第二层意思中，则阐述了方式方法，就是我们每个人都要苦练内省的功夫，向好的看齐，俗话说近朱者赤，近墨者黑，道德修养不但要内化，也要外化，儒家提倡“吾日三省吾身”，“省”其实就是自我检查，自我反省，不断地内省才能够不断地进步，不断进步才能看得更高，走得更远。[①] 第三层意思是要善“迁”和速“改”，这个迁不是迁就而是迁升，当你发现比自己更好的人和事的时候，就应该抱持谦虚的态度向别人学习，向他们看齐。古代读书人头悬梁，锥刺股，凿壁偷光，囊萤映雪，这些人正是看到了自己的不足，用刻苦来迁升自己，用行动来改变自己，他们把“见善则迁，有过则改”的精髓读进自己生命里，融进自己的血液里，把读到的道理化成自己的行为，并且作用于社会，这才叫真学问，这样才能真正提升自己的品位。习近平总书记讲，无论什么时候，问题总是客观存在的，我们要以“君子检身，常若有过”的态度来检视发现自身不足，做到知耻而后勇。[②] 凡古代圣贤之人，通常情况下，非常善于自省，面对错误，积极改正，做到有则改之无则加勉，如越王勾践，面对失败卧薪尝胆，在实践中不断地磨砺自己，改造自我，提升自我，不断取得进步。在“迁”和“改”上，要戒骄戒躁，不能一曝十寒。“人患不知其过，既知之，不能改，是无勇也。”要把“改”字贯穿始终，立查立改、即知即改，能够当下改的，明确时限和要求，按期整改到位；一时解决不了的，要盯住不放，通过不断深化认识、增强自觉，明确阶段目标，持续整改。[③] 道德的修行在于十年磨一剑，久久为功。今天，我们在科学技术上、在物质财富上可以傲视古人，但在道德修养上，我们要向古人学习。特别是在市场经济条件下，物质的欲望占据着一些人的心灵，出现道德滑坡现象，需要加强精神文明建设来提升思想道德修养。古人所指示的这些进步的路径是值得我们好好学习的，它是永远不会过时的，随着时代的历练只会历久弥坚。不论是在当前的工作中，还是在学习生活中，我们要善于自省，在自省中完善、提升并超越自我，把自省作为人生进步的助推器。人们向往、追求美好生活的愿望是一致的，幼有所长、壮有所用、老

① 《平“语”近人——习近平总书记用典》解说词（第二集）治国有常民为本［EB/OL］. http://www.xinhuanet.com/politics/2018-10/10/c_1123540117.

② 不忘初心，习近平用典谈党员干部品德修养［EB/OL］. http://www.xinhuanet.com/politics/xxjxs/2019-08/29/c_1124934655.htm,2019-08-29.

③ 习近平在“不忘初心、牢记使命”主题教育工作会议上的讲话［EB/OL］. http://www.xinhuanet.com/politics/xxjxs/2019-08/29/c_1124934655.htm,2019-08-29.

有所终、病有所医、住有所居的理想生活是古今一致的，正所谓道不远人、德必有邻。

德有私德、公德，有小德、大德，有国德和民德，所谓“兴民德”，在今天就是在全社会不断培育和践行社会主义核心价值观。因为，社会主义核心价值观是社会主义道德的集中表现，是社会主义核心价值体系的浓缩和升华。不但涉及国家的德，还涉及社会和个人的德。对一个国家和民族来说，最持久、最广泛、最深沉的力量，就是全民共同遵循和恪守的核心价值观。中国共产党的发展历程表明，中国共产党坚定不移地探寻强国富民之路，谋求民族复兴之路，无论是推翻三座大山的新民主主义革命还是三大改造，包括今天正在进行的波澜壮阔的改革开放，中国共产党一直在探索思想道德建设的路径。对各级领导干部来讲，有多大的责任就有多大的担当，在其位要谋其政，做事为人要有政德，金杯银杯不如老百姓的口碑重要，金奖银奖不如老百姓的夸奖来得贴切，人民拥护和赞成是最大的口碑也是最大的荣耀。爱人者，人恒爱之；敬人者，人恒敬之。在中华优秀传统文化中，特别是儒家传统文化中，处处浸润着为德、守德、护德的传统，如“知己知彼，将心比心”“钱财如粪土，仁义值千金”，语言浅显明白，道理通俗易懂。

良好道德的养成不是一朝一夕的事情，需要从娃娃抓起。2014 年六一儿童节前夕，习近平总书记来到北京市海淀区民族小学，就从小积极培育和践行社会主义核心价值观问题与师生们进行座谈和交流。在座谈交流中，习近平总书记提出要培育和践行社会主义核心价值观，需要记住 16 个字——记住要求、心有榜样、从小做起、接受帮助。[①] 习近平总书记还说，养小德可以成大德，要把社会主义核心价值观的基本内容铭刻在头脑中，让社会主义核心价值观的种子在学生心中生根、发芽、开花、结果。作为青少年来讲，在少年的时候就要培养立志报效祖国、服务人民的意识，正如马克思在十七岁时写下的为人类事业奋斗终身的誓言。高尚品德的养成需要久久为功。习近平总书记引经据典，旨在说明培育和

---

① 习近平谈治国理政（第一卷）[M]. 北京：外文出版社，2018：182.

践行社会主义核心价值观的重要性，在社会转型的当下，价值观多样化，核心价值观所彰显的德育凝聚力、向心力不可小觑，它体现的是社会评判的标准。

三、利民本

《管子·霸言》有言：“夫霸王之所始也，以人为本”；其指出，成就霸业的根本是人民，先摈弃霸业不说，从国家治理层面来讲，家国一统，老百姓才能安居乐业，老百姓安居乐业是国家繁荣发展的前提条件。《孟子》也说：“民为贵，社稷次之，君为轻”；孟子从轻重缓急重要性的角度指出了国家社稷、君王、老百姓的社会依存关系。在古代社会，人口是衡量一个国家发展程度的重要标志，繁荣发展国家是建立在亲民爱民富民利民的基础上的，君主只是老百姓的代表，而不是代替老百姓，从古代社会构成来讲，老百姓是国家的财富，人口多，国家就强大。从重要性上讲，老百姓才是国家发展的决定性因素，就是习近平总书记讲的“江山就是人民，人民就是江山”，江山是人民的江山，人民是江山的主人，失去了人民，江山就无法成立。中国共产党在革命、建设和改革开放过程中，始终以人民为中心，做到发展为了人民，发展依靠人民，发展成果由人民共享。中国共产党把全心全意为人民服务作为根本宗旨，除了代表中国人民和中华民族的根本利益，从来没有自己的特殊利益，这与古代民本思想是相通的，老百姓要过上好日子，必须利民，发展人民的根本利益。以习近平同志为代表的中国共产党人不仅传承了中华传统民本思想的理念，而且对它进行了深化发展，古代的爱民主要体现在亲民、不掠民、不扰民上，而今天的中国共产党不但亲民爱民，更体现在富民和保护人民、发展人民上，如在抗击新冠疫情过程中，党和国家始终坚持“人民至上、生命至上”的疫情防治理念，始终把人民群众生命安全和身体健康放在第一位，免费治疗，免费为人民接种疫苗，采取了最全面、最严格、最彻底的防控措施，体现了以人民为中心的社会发展理念。

在今天来说，利民还体现在脱贫路上“一个都不能少”，为了消灭贫困，中国共产党带领全国人民取得了夺取脱贫攻坚战的伟大胜利，消除了历史上的绝对贫困，这是古代民本思想在今天最大的现实意义，中国古代就有“老吾老以及人之老，幼吾幼以及人之幼”的天下大同思想，幻想着“鳏寡孤独废疾”皆有所养的理想治世，但一直都没能实现。以习近平同志为核心的党中央领导全国人民实现了历史突破，消灭了绝对贫困。在脱贫攻坚决战中，中国共产党始终坚持人民立场，因地制宜发展经济，把利民、富民放在首位，在脱贫攻坚战中注重发挥当地优势，培植产业，用政策和产业扶贫代替输血扶贫，为扶贫拓展新思路。要始终把人民答不答应、满不满意、高不高兴作为衡量脱贫成效的金标尺，重点解决贫困人口的民生需求，把“两不愁、三保障”落在贫困人口的心坎里。党的十九届五中全会将“全体人民共同富裕取得更为明显的实质性进展”作为2035年远景目标之一，并要求巩固拓展脱贫攻坚成果同乡村振兴有效衔接，这进一步体现了中国共产党人秉承为中国人民谋幸福、为中华民族谋复兴的初心使命，始终把实现好、维护好、发展好最广大人民群众的根本利益作为一切工作的出发点和落脚点，努力使改革发展成果更多更公平惠及全体人民①，这是古代重民、利民思想的现代体现。不论在任何发展时期、任何发展阶段，我们党都不能忘记人民，一旦脱离人民，我们长久又一以贯之的事业，就会变成无源之水、无本之木。作为领导干部，心中常思百姓之苦，脑子常想富民之策，我们的事业才会兴旺发达。

有歌唱道：老百姓是天，老百姓是地；天地之间有杆秤，那秤砣是老百姓，说的就是老百姓的重要性。因此，我们始终要坚持党的群众路线，坚持一切为了群众，一切依靠群众，从群众中来，到群众中去，把党的正确主张变为群众的自觉行动。始终保持党同人民群众的血肉联系，有一句话叫“群众的眼睛是雪亮的”，就是我们的党员干部要勇于善于接受人民群众的批评和监督。在关于党和群众的关系问题上，习近平总书记引用“水能载舟，亦能覆舟”来说明二者之间的关系。它的原文是“君者，舟也；庶人者，水也；水则载舟，水则覆舟。”从字面意思来解释是：君王是船，老百姓是水，老百姓既可以拥戴君王也可以推翻君王，其实讲的是政权兴衰的道理。中国共产党作为执政党，同样面临人心向背

---

① 社科评论丨中华优秀传统文化观念的当代诠释［EB/OL］. https://baijiahao.baidu.com/s?id=1695274562698091787&wfr=spider&for=pc

的问题，党之所以成为领导各项事业的核心，是因为获得了老百姓的拥护和支持，革命战争年代是如此，社会主义建设和改革开放时期也是如此，党的利益和人民的根本利益是一致的，中国共产党代表最广大人民的根本利益，没有自己的特殊利益。因此，老百姓的作用是基础性的，老百姓作为一个国家统治的根基，是最大的政治。水能载舟亦能覆舟，用这句话来形容党和人民之间的关系，确实再形象不过。其实，在各朝各代政权更替中，有很多鲜活的例子，都在讲述群众是如何载舟，又是怎样覆舟的。比如，隋炀帝是有名的暴君，他不爱惜民力，在位时横征暴敛，凿运河，征高丽，游江都，对于隋朝治下的老百姓来说，那么多的征伐，那么辛苦的劳动，劳民伤财不说，还意味着无尽的苦难，这是劳民、害民和伤民，而不是养民、富民。在极度高压下，老百姓难以生存，愤怒积累到一定程度的时候终将爆发，就好似翻腾的巨浪，瞬间将政权倾覆。我们可以从隋朝灭亡中，深切感受到人民的力量，在隋朝灭亡的过程中，唐太宗目睹和经历了这场运动，认识到老百姓的重要性，所以提出“水则载舟，水则覆舟”的感慨。隋朝“水则覆舟”的教训，在他心里深深扎根，月满则亏，水满则溢，对民力的使用要有度，不能误农时，伤农事，在大灾大难之后需要悉心调养。而这番道理，他是用自己的经历体验出来的，所以他能够虚心纳谏，接受批评和监督。也正因为唐太宗懂得人民的重要性，所以他在经济上休养生息，政治上广开言路，人才上开科取士，成就了历史上为人称颂的“贞观之治”。《贞观政要》里记载：“自是数年之后，海内升平，路不拾遗，外户不闭，商旅野宿焉。”这种治世，它和谐、安静、美好，百姓能安居乐业，水“民”载着盛唐这艘巨轮披荆斩棘，扬名世界。

水则载舟，水则覆舟，当老百姓的愤怒积累到一定程度的时候，他们积蓄的能量将会掀翻大船。作为为政者，就要用仁政的力量来善待你的子民。你待民如子，民亦待你如子。我们一直强调立党为公、执政为民，党的宗旨是全心全意为人民服务，关心人民，服务人民，让人民过上幸福生活，急民之急，解民之忧。要敢谋民之利，善谋民之利，只有不断地改善民生，才能够赢得民心，这是一个辩证法。因此，要用真情的付出、切实的行动来赢得民心。对执政党来讲，最高的褒奖便是获得人民群众的认可，获得人民的信任。只有获得民心，才是对执政党最大的支持。青年时代的习近平，扎根基层，凭借热情和踏实的工作，赢得了当地老百姓深厚的赞誉。当年，他在梁家河村插队时，经常和老百姓一起修田、打坝、造林，与老百姓打成一片，因此，在当地老百姓心中留下了好后生的印象。不论他走到哪儿，老百姓都特别支持他、特别拥护他，都非常愿意和他一起干事。老百姓之所以如此支持和拥护，是因为他无论在什么时候，无论在做什么事，自始至终想的都是老百姓，都在帮老百姓做事，所以，他才赢得了民心。

在中国，老百姓是最善良、最朴实的，只要你真心实意为老百姓办事，替老百姓着想，就能赢得他们好的口碑，赢得好评价。正如习近平总书记所说的，金杯银杯不如老百姓的口碑。因此，人民的利益要始终放在第一位，要让人民的利益成为一切利益之本，政府要想成为人民所拥戴的政府，首先就要全心全意为人民服务。

第二节　“政之所兴在顺民心”的安民富民思想

一、一枝一叶总关情

习近平总书记一直强调，在新时代要推动中华文化继续向前发展，为中华民族伟大复兴提供精神动力和智力支持，需要不断挖掘中华优秀传统文化的精华，实现创造性转化和创新性发展。中华优秀传统文化是我们的文化基因，流淌在我们的血液里，沉淀为我们宝贵的精神财富。我们今天的文化自信与中华优秀传统文化密切相关，引导并制约着我们的文化发展方向。习近平总书记曾引用郑板桥的“一枝一叶总关情”来表达对民生的关注。为什么这首诗会让习近平总书记如此重视，如此打动习近平总书记的心呢？最核心的原因就是这首诗体现了为政者的拳拳赤子之心，也体现了郑板桥当时恳切的爱民和安民之心。郑板桥在任县官时，长期微服私访，对民间疾苦了如指掌。由于当时政治比较腐败，郑板桥不愿意与当时的官场同流合污，才有后来的辞官归去。因此，“画竹”既是他的个人爱好，也寄托了他的理想，他画了一幅《风竹图》来言志，风代表当时的社会风气，代表了当时的官场，腐朽黑暗，有“三年清知府，十万雪花银”一说。老百姓负担很重，加上地方贪腐官员的盘剥，使得民间怨声载道，疾苦连天。而竹子高风亮节的品性代表郑板桥不愿与当时腐败官场同流合污的个性，以表达自己宁折不弯的个性。“衙斋卧听萧萧竹”，是说在衙中听见外面风吹竹子的声音怀疑是民间疾苦声，为什么疑的不是风声、雨声、读书声而是民间疾苦声呢？这与郑板桥所见、所闻、所感有关，因为他经常微服私访，了解老百姓的现状，常听到老百姓怨声载道而自己又无能为力，这种思考已经融入他的生活中了，并且深为忧虑，听到类似声音，所以才有这样的感慨发出，好像听到的是民间百姓的呻吟之声。最后两句透出了郑板桥的无奈：“些小吾曹州县吏，一枝一叶总关情”，我们这些地方上的州县小吏呀，一举一动都关系着老百姓的冷暖。郑板桥能写下如此脍炙人口的诗词，也是有感而发。因为，当时的潍县正在闹天灾，人民流离失所，饱受饥寒，郑板桥作为一个地方官员，看在眼里，急在心里，在没有来得及向朝廷报告的情况下，他通过兴修水利来解决老百姓的吃饭问题，只要你来这儿干活，我就管你饭，既解决了灾民没饭吃的难题又提升了当地的基础设施，实现了灾后家园的重建。所以，郑板桥这首诗，也表达了他深切的爱民忧民之情。

做地方官容易，做好地方官不容易，2014 年 5 月，习近平总书记到兰考县考察，倡导基层干部做焦裕禄式的县委书记，做到心中有民，心中爱民。习近平总书记作《念奴娇・追思焦裕禄》来表达对焦裕禄同志的追思：“魂飞万里，盼归来，此水此山此地。百姓谁不爱好官？……为官一任，造福一方。遂了平生意。绿我涓滴，会它千顷澄碧。”他在从政的路上一路走来，做过大队支书、县委书记、地委书记、省委书记，一直到当国家主席、党的总书记，无论走到哪里，在什么岗位，他的心中一直惦记着人民。在党的十九大报告中，“人民”这个概念是个高频词，总共出现了 200 多次，体现了党以人民为中心的执政理念。弱势群体、困难群众、老少边穷地区是他始终的牵挂，帮助贫困地区和贫困人口脱贫致富是党许下的庄严承诺，党在任何时候都没有忘记贫困地区和困难群众，体现了“一枝一叶总关情”的人民情怀。习近平总书记在治国理政中一系列关于“为民”的重要论述，其目的都是让人民过上好日子，概括起来就是今天以人民为中心的发展理念。为民就是关情、念情，就是心里一直惦记着老百姓，为民就是为老百姓办实事，为老百姓办成、办好实事。习近平总书记既是坚定的马克思主义者，同时又是马克思主义中国化时代化的传承者和创造者，把马克思主义基本原理与中华优秀传统文化结合起来，把民本思想与中国共产党的宗旨结合起来，一切为了人民，为了人民的一切，中国共产党的民本思想就是全心全意为人民服务。它科学回答了马克思主义为了谁，依靠谁的问题。以人民为中心，这是中国共产党在成立之初就旗帜鲜明地写在自己党旗上的，是中国共产党一直坚守的承诺，是中国共产党的“初心”，不管走得多远，也不管走得多艰辛，初心从未改变。习近平总书记一直强调“不忘初心、牢记使命”，这个初心和使命就是一切为了人民、一切依靠人民的“一枝一叶总关情”的为民情怀，体现了马克思主义关于人的发展的本质观点。发展为了人民，发展依靠人民是中国共产党人的核心价值理念，也是中国共产党人一直担任在肩的使命。

在中华优秀传统文化中，爱民、亲民、乐民的思想在历代开明君主那里得到了重视，也正是秉承了这些理念，中国历史上才有文景之治、光武中兴、开元盛世、康乾盛世等。传统文化中的民本思想，放在现代社会，仍然具有现实指导意义，习近平总书记多次引用“水能载舟，亦能覆舟”来说明人民的重要性。孟子的“与民同乐”思想也深深影响了后世儒家治国理政的思想，水和舟的关系，通俗来说，其实就是民众和执政党的关系，中国共产党是中国工人阶级的先锋队，同时是中国人民和中华民族的先锋队，是中国特色社会主义事业的领导核心，是中国这艘巨轮的领航员，但如果没有群众这块“压舱石”，中国特色社会主义这艘航船就无法浮起来，更不能经得起风吹浪打，就无法乘风破浪，披荆斩棘。没有群众这个基础，党就无法领导人民取得新民主主义革命、社会主义建设和改革开放的胜利，失去了民众这个基础，我们党的执政就会变成无源之水，无本之木。苏联解体的教训是深刻的，苏联共产党只有 20 万人时，能够打败资产阶级临时政府，建立政权，成为世界上第一个社会主义国家；当苏联共产党有 200 万人时，打败了德国法西斯，极大地保卫和巩固了苏维埃政权，然而当苏联共产党拥有 2000 万人时，却自己打败了自己，其根本原因是苏联共产党在后期越来越脱离群众，甚至根本就不代表群众，不代表苏联人民，最后被苏联人民抛弃，这种教训是惨痛的，也是深刻的，值得我们深思。脱离了人民的政党一定会被人民抛弃，早在延安时期，毛泽东与黄炎培的“窑洞对”就明确地回答了这个问题：在讨论中，黄炎培坦率地说，真所谓其兴也勃焉，其亡也忽焉，一人，一家，一团体，一地方乃至一国，不少单位都没能跳出这个周期率的支配，毛泽东当即回答道，我们已经找到了新路，我们能跳出周期率的支配，这条新路就是民主，只有让人民来监督政府，政府才不敢松懈，只有人人起来负责，才不会人亡政息。毛泽东在这里其实就是讲了政党与人民的关系，讲的就是舟与水的关系，兴亡成败的核心在于人民，在于顺应历史潮流，在于反映和保护人民的呼声。

习近平总书记继承和发展了毛泽东思想，并在这方面进行创造性发展。近年来，党中央深入开展群众路线教育活动，就是为了告诫我们党员不要忘记自己从哪里来，到哪里去，过去先进不等于现在先进，现在先进不等于永远先进，先进不是一劳永逸的。先进性与人民性是统一的，无论在顺境还是逆境，在逆境中能做到团结一致，同心同力，在顺境中，更要保持清醒认识，当我们党的事业兴旺发达的时候，更不能掉以轻心，任何时候都不能忘记人民，更不能背离人民。经过 40 多年的改革开放，我们一改贫穷落后的面貌，中国人民的面貌、中国共产党的面貌、社会主义新中国的面貌发生了翻天覆地的变化，取得了前所未有的、世界所公认的伟大成就。但在胜利和成就面前，也有一些党员干部思想发生了改变，贪污腐败现象时有发生，危害人民利益的事情时有出现，不根除这些毒瘤，将会威胁到我们党的健康，腐蚀党的肌体。习近平总书记上任以来，经过铁腕反腐，猛药治庸，重拳治懒，对群众深恶痛绝的腐败现象进行了铁拳打击并取得明显效果，受到了人民群众的好评。要把人民答不答应、满不满意、高不高兴，作为衡量我们党执政的最高标准。民心工程是基础性的工程，基础不牢地动山摇，基础好不好关系到政权的稳固。“窑洞对”是一个善意的提醒，也是一种警示和告诫，更是一种鞭策，任何时候失去了人民这个主体，我们就失去了力量之源，执政之基，就有被历史抛弃的危险。孟子讲“民为贵，社稷次之，君为轻”，其实就是要摆正政府和群众的关系。我们的政府是为人民服务的政府，不是高高在上的衙门。郑板桥讲“衙斋卧听萧萧竹”，重点在听，在于俯下身子，用鲁迅的话来说是“甘当孺子牛”，用毛泽东的话来讲，是甘当小学生，没有调查就没有发言权。

习近平总书记足迹踏遍祖国的万水千山，越是贫困的地方，越是发展滞后的地方，越能看到习近平总书记的身影，无论是精准扶贫还是“两不愁三保障”发展思想，都是从实践中得来的。不忘初心，方得始终。心里始终装着人民，这是习近平总书记对党和人民的庄严承诺，也是他从梁家河一路走来的生动写照。空谈误国，实干兴邦，因为中华民族伟大复兴的中国梦不是靠敲锣打鼓就可以轻轻松松实现的，这种实干体现了习近平总书记抓铁留痕、踏石留印的恒心和毅力，得益于习近平总书记在艰苦环境中练就的真本领，这位从人民群众中走出来的领袖，心里始终装着人民。俗话讲，老百姓是天，老百姓是地，老百姓的心中有杆秤，老百姓安宁了，社会才得以安宁，老百姓满意了，世界才得以和谐。曾有言“民为邦本，本固邦宁”，没有本固，何来邦宁，俗话讲，基础不牢地动山摇，这个基础就是咱老百姓。中国共产党的利益就是中国人民的根本利益，始终代表最广大人民的根本利益就是我们党最大的利益，这是我们党的执政之基，力量之源。如果没有人民的支持，没有人民的拥护，我们党一天也不能生存，更不用说发展壮大。因此，广大党员干部要时刻记得自己是谁，从哪里来，到哪里去，为谁工作，为谁辛苦为谁忙，只有明白了这些，才能把“民”字放在最高的位置，才能在日常的工作中找到正确的方向和位置。只有处处为民着想，才会拥有广大的群众基础，才会得到人民的拥护和爱戴。事实证明，只要有了群众的理解、支持和拥护，我们党就没有办不成的事，就没有完不成的任务，反之，如果失去了群众的理解、支持和拥护，就什么事都干不了，也办不好。群众是最好的老师，只有虚心拜群众为师，把基础打牢，把根基扎稳，我们的事业才会根深叶茂，才会蓬勃发展。

二、为生民立命

北宋张载讲“为天地立心，为生民立命，为往圣继绝学，为万世开太平”（《横渠语录》），这也是民本思想的体现。谁来为民生请命，如何为民生请命，古人认为应该由开明的圣主来完成，这种思想虽然有人治的影子，但在当时是具有进步意义的，这种思想的核心是要看重人民，即孟子讲的民为重，社稷次之，君为轻。没有了民，社稷何在，君又何在，这与中国共产党全心全意为人民服务的根本宗旨和立党为公、执政为民的方针是一致的。党的事业是建立在人民群众之上的，没有人民群众的信任和支持，党的事业也无法发展壮大。

在张载看来，立心就是立天地之心，立理，立恒学，就是普天下都能接受的忠孝仁义的价值观。因为在古人看来，天地人是一个整体的宇宙观，是一个体系，天地就是宇宙世界，包括自然界也包括人类社会，而人立于天地之间，古人认为天地人三才者，即《尚书》所言，大道之行，天下为公。所以，为天地立心可以理解为社会确立核心价值观，即当时社会普遍接受的价值准则。在张载看来，这个心是民心、孝心、仁爱之心，没有这个“心”，世界将会无道，无道的世界将导致人心离散，社会分崩离析。为生民立命，是讲做人要选择正确的价值观，明白生命的意义。当前，我国正经历着历史上最为广泛而深刻的社会变革，也是前所未有之大变革，这是中国现代化历程中最为恢宏而独特的实践创新。中国共产党为天地立的心就是民心，是公心，是马克思主义人民立场的体现。习近平总书记曾多次强调，人民对美好生活的向往，就是我们的奋斗目标。那么，如何能够实现人民心中的美好生活呢？首先要把人民群众的冷暖放在心上，关心群众的疾苦，提高他们的生活水平；其次要始终保持党同人民群众的血肉联系，把植根人民的理念融入治国理政的全过程中，与人民同呼吸、共命运。“人民”一直是党的文件中的“词眼”，这个“词眼”在提示着我们，党始终没有忘记老百姓，没有漠视群众这个基础，这与中国共产党充分汲取历史智慧有关。民本与人民虽然有所差异，但它们只是时代不同的表述差异，体现的核心都是人民的主体地位。

正如《孟子·梁惠王下》中所言：“乐民之乐者，民亦乐其乐；忧民之忧者，民亦忧其忧。”民生工程是实实在在的工程，是载舟、兴舟工程。老子所说的“圣人无常心，以百姓心为心”“不知有之，亲而誉之”（《道德经》）的善治思想，以及其倡导的无为而治其实就是顺应老百姓的寻常心；孔孟的富民教民的思想以及“老吾老以及人之老，幼吾幼以及人之幼”（《孟子·梁惠王上》）的乐善好施思想，都是民本思想在古代思想家中的集中体现；孟子的民贵君轻思想；《礼记·礼运》中提出“老有所终，壮有所用，幼有所长，鳏寡孤独废疾者，皆有所养”的天下大同思想和关于养老恤孤制度的思想等，都是滋养当下治国理政的宝贵思想资源。

三、兴废之事在民心

不但要为民，还要顺民。管子在《管子·牧民》中认为：“政之所兴在顺民心，政之所废在逆民心。”也就是说，政权的兴废，其实都在于民心。古人语，民者，国之宝也，民心则是宝中之宝。中国共产党自成立以来，就是非常重视民心的，也是非常爱护民心的。得民心者得天下，中国共产党能够取得新民主主义革命的胜利，最大的优势在于赢得了民心，得到了人民的衷心拥护；蒋介石国民党政权最大的失败则是失去了民心，民国时期，官员贪腐横行，民不聊生，国统区的政权靠抓壮丁来维持现状，而解放区则是欣欣向荣的景象，翻身农民踊跃参军，用实际行动来保卫来之不易的胜利果实，最后的结局是不言而喻的。所以，民心是最大的政治，打江山守江山，守的是人民的心，自中国共产党成立以来，始终明确我是谁，为了谁，依靠谁这个问题，人民，只有人民是历史的创造者，是推动社会发展的决定力量，是真正的英雄。中国共产党始终和人民保持着密切的联系，构建成一个休戚相关的命运共同体。密切联系群众是中国共产党的优良作风，中国共产党的执政底气和力量都来源于人民，来源于和人民保持的血肉联系，因此，历史和人民选择了中国共产党。中国共产党致力于实现人民对美好生活的追求，并以此作为自己矢志不渝的奋斗目标。从石库门到天安门，从 58 人到 9000 多万人，从一穷二白到全面建成小康社会，从积贫积弱到国富民强，中国共产党始终带领人民一往无前，攻坚克难，克服了一个又一个难以想象的困难，靠的是什么？当然靠的是人民，这是我们党自成立以来经过无数次实践而总结出来的经验。不忘初心，牢记使命，所谓初心和使命，就是“为中国人民谋幸福，为中华民族谋复兴”，始终牢记为了谁，依靠谁，才能推动我们党砥砺前行，战胜前进道路上的一个又一个困难。人民是共产党的天，人民是共产党的地，人民是共产党最大的江山，人民是共产党执政的最大靠山，也是中国共产党执政最深厚、最持久的底气。在革命战争年代，群众用扁担、用小推车，用“最后一碗米送去做军粮，最后一尺布送去做军装，最后一件老棉袄盖在担架上”的赤诚哺育了中国革命，为什么？政之所兴在顺民心，共产党舍生忘死打天下是为穷苦人民谋利益，为无地少地的农民分配土地，实现当时“耕者有其田”的理想，就是为了让人民过上好日子，正是这样一种顺承关系，造就了党和老百姓的鱼水情。因此，对执政党来讲，民心，才是最大的政治工程。老百姓的事无小事，习近平总书记聊民生、话民意、解民忧，一句句朴实而暖心的话拉近了他与老百姓的距离，消除了党和群众之间的陌生感、距离感。有一句话说得好，所谓得民心者得天下，中国共产党始终把人民装在心里，把老百姓的冷暖装在心里，实行了一系列暖心工程，得到了老百姓的衷心拥护。立党为公，执政为民，把民心当成最大的政治。一个政党，一个政权，不论是前途还是命运，都取决于人心向背。[①] 顺民心，顺民意，把人民放在最高位，把人民的根本利益摆在至高无上的位置，急

① 《平“语”近人——习近平总书记用典》解说词（第一集）一枝一叶总关情［EB/OL］. http://www.xinhuanet.com/politics/2018-10/09/c_1123534858.htm

群众所急，想群众所想，情为民所系，利为民所谋，权为民所用，广大党员干部要摆正自己与群众的关系，不做县太爷，不做官老爷，要放得下架子、沉得下身段，虚心拜人民为师，走在前列，干在实处。

毛泽东在革命战争年代就告诫广大干部决心做好三种牺牲的准备：决心牺牲升官、决心牺牲发财、决心牺牲生命。今天的环境与革命战争年代虽然有所不同，但为人民服务的精神是不变的，习近平总书记也经常告诫广大党员干部，不要既想着当官又想着发财，当官发财不是中国共产党的宗旨。我们党的一切工作都是为了人民的根本利益，党员干部要自觉树立为人民服务的意识。在对待人民上，广大党员干部不能有丝毫懈怠，必须永葆赤子之心，在“顺”字上下功夫，防止打着民心的旗号谋私利。对广大党员干部来讲，兴废之事在于一念之间，靠的是长期的修养，考验的是党性修养的问题。党员干部要摆正自己的位置，任何时候都不能颠倒是非，颠倒关系。与民同乐，乐民之乐，民亦乐之，党的根基在人民，力量也来自人民，民心是党执政的生命线，是党赖以生存的土壤，只有把根基扎牢在人民群众的土壤里，党才能获得生机和营养，才能永远立于不败之地。习近平总书记在其著作《摆脱贫困》中写道：“善为国者，爱民如父母之爱子、兄之爱弟，闻其饥寒为之哀，见其劳苦为之悲。”这句话的意思是说，善于治国的人，爱护自己的子民如同父母爱护自己的孩子一样，像兄长爱护自己的弟弟一样，听到他挨饿受冻，心里会为他难过哀伤，看到他辛劳困苦，会为他悲伤。正如上面所说的，乐民之乐，民亦乐其乐，忧民之忧，民亦忧其忧，善治要善爱。习近平总书记不管在哪里做事为官，都把民之忧乐放在心上，发现民之忧民之乐，这样才能真正解民之忧，乐民之乐。

习近平总书记的为民思想，自他在梁家河当支书时就播下种子，从带领梁家河村民耕田打坝，到骑着自行车走遍正定的每个村，再到走遍宁德每个乡，他每到一个地方都沉得下去，与群众打成一片，干得出成效。他这种深沉的为民情怀，来源于少年养成，来源于劳其筋骨、苦其心志的知青历练。习近平总书记有七年的时光是在梁家河度过的，他经常回忆起自己在梁家河七年的知青岁月，说这是有大学问的地方，不要小看它，越是艰苦越能历练自己。在那个缺衣少食的时代，年少的习近平一直把坚持学习当作提升自己的动力，这种学习既包括向当地的老百姓学习生活技能，向群众学习工作技能，还包括向书本学习理论技能，晚上就着昏暗的煤油灯看书学习，放羊的间隙也不忘学习，即使是当总书记，也不忘学习。他说自己的爱好很多，其中最大的爱好是看书学习，他不但自己身体力行，还经常带领政治局班子进行集体学习，常常充电。

怎么学？拜人民为师！习近平总书记说，有两种人对他的帮助是最大的，一种是革命老前辈，另外一种，就是陕北老乡。习近平总书记在 2015 年 2 月 13 日这一天回到了梁家河，亲切看望了这里的父老乡亲，他说了这样一段感人肺腑的话。他说，那时候我离开了梁家河，人虽然走了，但是我的心留在那里。那时候我就想，以后如果有条件、有机会，我要从政，要做一些为老百姓办好事的工作。[①] 这个为老百姓办好事的承诺一直铭记在习近平总书记的心里，他无论走到哪里，都把为老百姓办好事放在首位。只要是老百姓的事，不论再小的事，也是大事。比如，在梁家河当支书时，当地经济非常落后，条件也非常艰苦，甚至连做饭、照明都是困扰人心的大问题。他看到这种情况，心里非常着急，为解决当地老百姓照明做饭的大问题，走访了很多地方，不断寻找能够解决这些问题的办法，最后，不怕困难的他，远赴四川考查学习，在梁家河建起了当时陕西省第一口沼气池，极大地解决了人民生活上的问题。为了惠及更多人，后来，又陆续修建了 42 个沼气池，不断为当地老百姓排忧解难，这是他为当地老百姓办的许多实事之一。老百姓的事，再难也要把它办好，他在梁家河做了很多的好事，给农民办成了很多幸福的事情，所以，农民都舍不得他走。这种幸福，源于内心的热爱，源于无私的奉献，源于最初的承诺。无论走得多远，习近平总书记总是不忘初心。这个初心，既是中国共产党人的初心，也是习近平总书记个人的初心，这

① 《平“语”近人——习近平总书记用典》解说词（第一集）一枝一叶总关情［EB/OL］. http://www.xinhuanet.com/politics/2018-10/09/c_1123534858.htm

个初心，从7年的梁家河知青岁月中走来，从未停歇，从而奠定他如此深厚的以人民为中心的发展思想。也正是因为有这样一种渊源，从过去到今天，他还和梁家河的乡亲们保持着这样的一种血肉联系。习近平总书记始终保持朴实为民的本色，艰苦朴素的作风，再糙的饭都能吃下，过去是这个样子，现在还是这个样子。从梁家河支书，再到今天党和国家领导人，他初心没变，以人民为中心的承诺没变，为老百姓办好事、办实事的承诺没变，他始终是黄土地的儿子。

古人讲，郡县治、天下安。各级地方官员只要把老百姓的事当大事、急事、要事来抓，老百姓就会真心拥护你，只要是真心为老百姓办实事，就一定会得到老百姓的支持。领导干部，特别是基层领导干部，按理说就生活在老百姓中间，要发扬“孺子牛”的精神，沉得下，扎得稳，靠得住，做焦裕禄式的好干部，以百姓之心为心，与人民心连心。俗话讲，当官不为民做主，不如回家卖红薯。讲的就是这个道理。古代的官员可以做到的，那么今天我们共产党的领导干部更应该做到。时代在变，但为人民服务的宗旨不变，所以习近平总书记多次告诫各级党委政府和领导干部，要立足本职岗位，把造福人民作为最大的政绩，想人民所想，急人民所急。特别是基层领导干部，与老百姓离得最近，贴得最紧，最懂得群众的疾苦，要把老百姓的疾苦看在眼里、记在心里，真心为老百姓排忧解难。习近平总书记在谈到人民至上的时候，多次提到焦裕禄，“生也沙丘，死也沙丘”“为官一任，造福一方”，这是习近平总书记对焦裕禄同志的评价和追思，也是他对基层领导干部的深情嘱托，集中体现了习近平总书记爱民、亲民、忧民、乐民的情怀。

为民办实事要有高度的责任感，领导干部不能只满足于上传下达，更不能事不关己高高挂起。干事要脚踏实地，一步一个脚印，既不口若悬河，也不信口开河，说出的承诺都要用行动来兑现，这样老百姓才会喜欢你，拥护你。领导干部要有责任心，没有责任心，干事就会马马虎虎，敷衍塞责，搪塞群众，遇到困难压制群众，遇到问题欺上瞒下，一心搞政绩工程，把老百姓的利益放在一边。为民办实事旨在为民，为民是办事的宗旨和出发点，如果失去了为民这个宗旨，办事就会失去方向，很可能是为一己私利打掩护。民事就是老百姓的吃喝拉撒、衣食住行，老百姓的教育、医疗和就业，老百姓的菜篮子、钱袋子。只要与老百姓有关的事就是民事，一句话来说明，就是衣食住行、教育医疗卫生就业等老百姓实实在在感受得到的事情。为人民办实事就是解决老百姓的这些急事、难事。基层干部为民办事不但要有热情，还要了解实情，不能想当然，不听群众的呼声，有些地方办的不是群众最喜欢、最满意、最实惠的事情，领导干部出了力，但吃力不讨好，最关键的是失去了为人民服务的心，工作浮在表面上。民生工作是一项艰巨且又复杂的工作，而要想做好民生工作，就必须建设让人民满意的服务型政府，执行力要强，问题提出后，立刻去办，让老百姓少跑腿，让干部多办事，让人民安心、放心、舒心。[①] 2018 年，习近平总书记在参加广东代表团审议时强调，中国共产党是为人民谋幸福的政党，党群工作要从老百姓感觉不幸福、不快乐、不满意方面着手，把千方百计为群众排忧解难作为群众工作的出发点和落脚点。为民办实事要知道在哪方面下功夫，要知忧识难，多调查多研究，没有调查就没有发言权。实事是调查出来的，不是想当然出来的，要把为民办的事和老百姓需要的事对接起来，这样才能真正做到排忧解难。有些基层领导干部出了很多力，却出力不讨好，关键是没有在“实”字上下功夫。因此，要始终以为服务人民为中心，以为人民谋幸福为最大政绩，以千方百计为老百姓排忧解难为出发点和落脚点，以人民群众的幸福感、获得感、安全感作为检验我们一切工作成败得失的最高标准。

四、利民之事，丝发必兴

以人民为中心的发展思想，怎么具体贯彻落实到我们的实际工作中呢？有句话说得好：“利民之事，丝发必兴；厉民之事，毫末必去。”（《周官辨非》），这句

① 《平“语”近人——习近平总书记用典》解说词（第一集）一枝一叶总关情［EB/OL］. http://www.xinhuanet.com/politics/2018-10/09/c_1123534858.htm

话是说，有利于老百姓的事情，就算再小也要认真去完成，反之，有害于老百姓的事，哪怕再小，也要去除。群众利益无小事，服务群众、联系群众、发展群众，就是要从百姓的丝发之事做起。在革命战争年代，红军倡导三大纪律、八项注意，要求革命军人不拿群众一针一线，这一针一线看起来是小事，但汇集起来就是大事了，小节不拘，终酿大错。为民的大事都是由很多一针一线的小事汇成的，积土成山，涓涓细流终成大海，千里之堤溃于蚁穴，万丈高楼毁于罅隙之烟。群众的信任和支持都是从为民服务的小事中来的，革命战争年代，群众的信任是从半条棉被开始的，今天，群众的信任也是从点点滴滴的为民小事中得来的，南昌筷子巷民警邱娥国退休后说，我的生命已融进了这些弯弯曲曲的街巷。直到今天，退休多年的邱娥国仍是筷子巷的“公共亲人”，大家也不把老邱当外人，家长里短都与他聊聊。信任是从小事开始的，大事是从小事做起的，天大的困难也是一点一点啃下来的，中国特色社会主义进入新时代，改革开放进入深水区，遇到的阻力更大，涉及的利益更多，遇到的暗流更急，在这种情况下，为民办事如果不从小事做起，不从切实的问题改起，改革就会半途而废，改革的蓝图就无法最终绘就。改革不但是我们党的事业，也是亿万中国人民的事业，离开了亿万人民的支持，改革开放的巨轮将无法破浪前行。古人云：“不以一己之利为利，而使天下受其利”（《原君》），天下受其利就是共享发展成果，打破利益固化的藩篱，人人得以共享改革发展的成果。谋利当谋天下利，这个天下利就是人民的利，就是人民的根本利益，人民的切身利益。只有深深扎根人民，并且紧紧依靠人民，我们才可以获得无穷的力量，不论前路是否风雨兼程，都当奋勇向前，始终代表中国人民的根本利益。“利民之事，丝发必兴；厉民之事，毫末必去。”兴废之事，都在一个“小”字，利（厉）字不一样，接下来做的结果也就截然不同。唐太宗的“三镜说”就是典型的例子，以铜为镜可以正衣冠，以史为镜可以知兴替，以人为镜可以知得失。唐太宗以隋二世而亡为教训，他虚心纳谏，体察和爱惜民力，休养生息，为开元盛世打下了基础，习近平总书记也告诫广大党员干部要多照照镜子，多洗洗澡，去除身体上的污垢，去除思想上的残留。因此，广大党员干部应该多学习，从历史教训中鉴古知今，不但要了解中华民族几千年的文明史，还要了解世界历史，特别是近代以来的中国历史，从中汲取政治智慧和政治经验。历史是最好的教科书，学习历史的目的是借鉴和反思，历史是最好的见证者，今天的现实会变成明天的历史，如果不重视历史，故事可能会重演，历史上很多暴君最终被人民唾弃，其根本原因就在于没有以史为鉴，没有看重人民的利益，更没有在小利上为民着想。

确实，一点一滴见真心，一枝一叶总关情。今天，我们要为人民谋得更多的福祉，那么，应该如何去做呢？这就涉及任务的问题。在当前，我们有哪些主要的任务呢？首先，要为人民谋幸福，党的十九大上，习近平总书记向全世界庄严宣告，中国特色社会主义进入新时代，我国社会主要矛盾已经转化为人民日益增长的美好生活需要和不平衡不充分的发展之间的矛盾，这也是我们今天要解决的主要问题。实现人民对美好生活的向往，是党在新时期的奋斗目标。这个美好生活，不单单包含了物质生活这样的硬需要，而且还包含了如社会的公平正义、民主法治、共同富裕等软需要。如何适应这个主要矛盾的转化，满足人民对美好生活的需求，最重要的事情就是决胜全面建成小康社会。小康社会建设的重点在农村，特别是贫困地区的农村，小康不小康，关键看老乡，没有农村和农民的小康，全面建成小康社会就无法实现。因为家庭贫困没有解决，可能要演变为地区贫困，地区贫困会演变为社会贫困和国家贫困，造成社会动荡不安，甚至引起社会的倒退，陷入中等收入陷阱。

2020 年，我们已经全面建成小康，在现代化的征途中，我们向着建成社会主义现代化强国的目标前进，虽然消除了绝对贫困，但仍要注意返贫现象，且还有相对贫困要解决。《中共中央关于制定国民经济和社会发展第十三个五年规划的建议》把农村贫困人口全面脱贫、贫困县全面摘帽作为全面建成小康社会的基本标志。从社会主义的本质上来看，最终目的是要实现共同富裕，所以，我们建成的小康社会，不是个别人的小康，而是全体人民的小康。党的十八大以来，全党全国各族人民积极响应脱贫攻坚号召，六千万贫困人口实现了稳定脱贫，到

2020年，实现了全部人口的脱贫，全面建成小康社会。正如建议中所强调的，实施精准扶贫、精准脱贫的举措，体现了党为人民谋福祉的真心和决心，体现了党把“利民之事”当真事、实事、要事来抓，并且把它当成系统工程，不获全胜决不收兵，从而确保我国现行标准下农村贫困人口实现脱贫，贫困县全部摘帽，解决区域性贫困。

精准扶贫，精准脱贫，脱贫路上一个都不能少，全面建成小康社会集中体现了我们党全心全意为人民服务的根本宗旨，体现了习近平总书记以人民为中心的发展思想。小康不小康，关键看老乡。我们所谈到的精准扶贫，则不同于大水漫灌式的粗放扶贫，当前的扶贫攻坚，解决的是谁来扶贫，扶谁的贫和怎么扶贫的问题，所以，精准扶贫要拔贫根，要造血，这样才能使扶贫工作实现有效性。扶贫是民生工程，脱贫是世纪工程，脱贫攻坚工程是当代中国最大的富民、利民、惠民工程。在全面建成小康社会的道路上，我们坚决打赢了脱贫攻坚战，虽然面对突如其来的疫情，但中国共产党带领人民硬是啃下了这块硬骨头。发展为了人民，就是要使中国特色社会主义的发展成果惠及每一位百姓，要让贫困人口与贫困地区同全国人民一道进入全面小康，必须跑好全面建成小康社会的“最后一公里”。我国农业和农村人口还占大多数，特别是一些老少边穷地区，由于历史或地理等原因，仍然没有摆脱贫困，习近平总书记提到，到2020年，在我国现行标准下，农村贫困人口实现脱贫，这是我们的庄严承诺。讲完这段话以后，他又特别加重语气说了四个字“一诺千金”。在基本实现现代化的道路上，我们要向第一个百年目标迈进，也就是到2020年，我国将全面建成小康社会，实现几千万贫困人口脱贫，贫困县摘帽，这个任务我们已经完成，这是一个对中华民族、对整个世界都具有重大历史意义的千秋伟业。

不论是扶危救困，还是改善民生，乃至全面建成小康社会，都是中国传统文化的内在追求，如我们所熟悉的仁爱为本、兼爱、大同等社会思想，包含着中国古代文人或者是政治家、思想家、哲学家在面对贫困时的看法和思考。以史为鉴，我们不断汲取历史营养，明白只有不忘历史，才能开辟未来，因此，我们要善于继承，在继承中发扬创新。习近平总书记曾在相关重要讲话中多次强调，要善于从中华五千年历史文明中找寻经验和智慧，在古代的文化典籍中，就包含着丰富的扶贫经验和智慧。对传统文化进行创造性转化和创新性发展，提取鼓励人们向上、向善的治国理政智慧，结合新时代条件加以继承和发扬，赋予其新的生命。

第三章　修齐治平
——“君子以自强不息”的内省外律思想

习近平总书记强调：“一个民族、一个国家的核心价值观必须同这个民族、这个国家的历史文化相契合，同这个民族、这个国家的人民正在进行的奋斗相结合，同这个民族、这个国家需要解决的时代问题相适应。”① 因此，培育和践行社会主义核心价值观，要与这个国家、这个民族的优秀传统文化结合起来，从中汲取营养和智慧。正如习近平总书记提出的：“核心价值观，其实就是一种德，既是个人的德，也是一种大德，就是国家的德、社会的德。国无德不兴，人无德不立。如果一个民族、一个国家没有共同的核心价值观，莫衷一是，行无依归，那这个民族、这个国家就无法前进。”② 社会主义核心价值观为国家、社会、个人提供了价值指引，是当代中国凝神聚魂的最大价值公约数，是中华优秀传统文化修齐治平价值观的现代体现，也是中华优秀传统美德的现代延续。儒家历来重视修身齐家治国平天下，凝练成仁义礼智信五大核心价值理念，对国家忠，对父母孝，对朋友信，用这些伦理准则来规范国家、社会、个人的行为，把它作为兴邦立国的基础。中华民族素来不以武立国、不崇尚暴力，而是主张以德治国，德治天下，以礼服人，所以素来有礼仪之邦之说。正如孔子所言，为政以德，譬如

① 习近平谈治国理政（第一卷）[M]. 北京：外文出版社，2018：171.

② 习近平谈治国理政（第一卷）[M]. 北京：外文出版社，2018：168.

北辰，居其所而众星共之，这是讲国德，修德则四面臣服；义利冲突时“不义而富且贵，于我如浮云”“舍生取义”“义以为上”的社会价值准则，讲的是合乎义的社会规范；对个人而言，主张“穷则独善其身”“修身为本”“存心养性”的个人修养准则，这是古人评价国家、社会和个人是否“向上向善”的准则。儒家历来主张，一个国家施行仁政，使百姓富裕、文明开化、人际和谐，就做到了“敬德保民，以德配天”。孔子说：“道之以德，齐之以礼，有耻且格。”自由、平等、公正、法治的理念既承接了中华优秀传统文化对社会公义的强调，又融入了近代以来富有生机与时代特色的内涵，特别是法治、平等这些立足当下、面向未来的现代价值。习近平总书记关于“社会主义核心价值观就是一种德”的阐述，精准地刻画了历史的中国和今天的中国具有共通性的道德文化结构，有效地提升了人民群众对社会主义核心价值观的领悟与认同。加强个人道德修养，履行道德义务，从自身做起，从生活抓起，是践行社会主义核心价值观的主要途径。正是在这个意义上，习近平总书记指出：“要注意把社会主义核心价值观日常化、具体化、形象化、生活化，使每个人都能感知它、领悟它，内化为精神追求，外化为实际行动，做到明大德、守公德、严私德。”① 正如习近平总书记所讲，培育和弘扬社会主义核心价值观必须立足中华优秀传统文化。牢固的核心价值观，都有其固有的根本。抛弃传统、丢掉根本，就等于割断了自己的精神命脉。博大精深的中华优秀传统文化是我们在世界文化激荡中站稳脚跟的根基。②

---

① 李军．传统文化的当代价值——深入学习贯彻习近平总书记关于中华优秀传统文化的重要论述［DB/OL］．https：//m.gmw.cn/baijia/2019-02/22/32543795.html

② 习近平谈治国理政（第一卷）［M］．北京：外文出版社，2018：163-164.

第一节 “国无德不兴，人无德不立”的立德立言思想

一、人无德不立

共产党员的党性修养在党的建设工作中始终处于核心地位，这既是中国共产党的执政优势，也是中国共产党员的优良传统，更是共产党人应有的道德标准。随着中国发展进入新时代，各项体制机制改革进入攻坚区，党员干部作为推动国家发展和社会进步的中流砥柱，其品格修养和道德追求关乎新时期的道德发展水平。党的十八大以来，加强党员干部的党性修养和道德品格追求继续成为党建工作的核心和重点，习近平总书记在很多场合引用经典名句和古代典籍阐述了党员干部修身养德的重要性及必要性。

《周易》有言：“德不配位，必有灾殃。”立德，在中国的传统文化中有着举足轻重的地位，一度被上升到国之四维的高度。古人把立德修身看成读书人的身家性命，在选贤任能方面，人才的选拔一定是遵循德才兼备的原则，侧重以德为先。现阶段，我们积极倡导培育和践行社会主义核心价值观，其实质就是在宣扬德，引领全民修德崇德。因而在这个层面上，社会主义核心价值观本身就是一种德，包含国德、民德和社会的德，阐明了一个国家要呈现怎样的精神风貌，一个社会要有怎样的道德风气，一个家庭应该营造怎样的家庭美德。通过社会主义核心价值观的引领，以润物无声的方式把良好的品德融入人们的日常生活中，内化为信仰，外化为行为。美德是可以传承的，中华民族的传统美德正是通过一代又一代人的言传身教和社会教化传承积淀下来，并慢慢凝练为中国传统文化中的思想内核，如仁义礼智信，如舍生取义的义利观，精忠报国的国家情怀，一诺千金的诚实品格，来而不往非礼也的待人接物礼节，它们与我们今天所倡导的社会主义核心价值观在价值取向方面是相一致的。因此，我们应积极从中华优秀传统文化中汲取思想精华，立足现实，积极创新，用中华优秀传统文化推动精神文明建

设，积极加强对中国传统美德和社会主义核心价值观的学习和宣传，以形成领导干部示范，党员干部带头，全民崇德，全民尚德的良好风气。

习近平总书记说，社会主义核心价值观培育就是要从自己做起、从身边做起、从小事做起，一点一滴积累，养成好思想、好品德。[①] 德智体美劳，德是第一位的，起到统帅的作用，是世界观、人生观、价值观的总开关，起到“子帅以正”的作用。树立良好的道德风尚是建立社会主义核心价值观的基础，是民族复兴的道德基石，是国家兴旺发达的不竭动力，是中华民族扬帆起航的内驱力。以力服人，非心服也，以德服人则远人来服，芳名远播是最好的招抚。道德，是一种遵从个体内在信念的精神追求，它靠自身的信念维持，起到价值引领的作用，对社会发展和进步能够起到潜移默化的示范作用，对整个社会成员的价值判断有着导向性的作用。但是，在现实生活中，由于文化背景、价值观念、传统习俗的不同而导致社会价值观的多元化，造成社会莫衷一是，所以一定需要一个共同的核心价值观来引领社会发展。对此，习近平总书记说：“如果一个民族、一个国家没有共同的核心价值观，莫衷一是，行无依归，那这个民族、这个国家就无法前进。”[②] 党员干部是国家建设的主力军和领头羊，他们的思想道德建设一直是重中之重，他们的价值取向不仅关系到个人的政治前途和政治命运，还会影响到周围的人。领导干部要以身作则，其身正，不令而行，营造出风清气正的政治生态环境，在社会主义现代化建设中勇担历史使命，这不仅是个人的道德要求，更是新时代党员干部应有的道德标准。习近平总书记曾引用德治名言：“修其心治其身，而后可以为政于天下”（《洪范传》），它包含两层意思：一是说人没道德就不能立足于社会，就没有安身立命的根本，二是说要是人没有道德，就不能取信于他人，更不用说治理天下了。从中可以看出为政的关键在于修德、立德。进入新时代，我们要从立德树人的高度积极倡导社会主义核心价值观，进而培育社会主义事业的合格接班人，使他们从小树立远大理想和抱负。习近平总书记对立德提出过深刻的见解，他说，人而无德，行之不远。没有良好的道德品质和思想修

---

① 习近平谈治国理政（第一卷）[M]. 北京：外文出版社，2018：183.

② 习近平谈治国理政（第一卷）[M]. 北京：外文出版社，2018：168.

养，即使有丰富的知识、高深的学问，也难成大器。[①] 它强调了道德对于人的重要性，讲的是道德对个人的发展、社会的进步具有重要价值和意义。古人说“三不朽”，主要是指：立德、立功、立言，在内容的排序上，立德被放在了首位，可见，如果没有德行，立功和立言更是无从谈起，德要配其位，德要配其言。

二、四维不张，国乃灭亡

“政者，正也。”政德（国德，统治者的德）不仅是统治者个人的道德建设，也是整个社会道德建设的风向标，而且在很大程度上决定了当时社会风气的好坏。古人讲“上行下效”，统治者政德的好坏起到引领社会风气的作用，用今天的话来讲就是影响政治生态和政治环境，为政者只有加强政德修养，才能给社会带来清新的社会风气，打牢为政基础。为政者如何加强德政，核心在修养，贵在修为和修行，习近平总书记多次带领领导班子加强学习，他强调，传统文化中，读书、修身、立德，不仅是个人安身立命之本，更是从政之基。作为领导干部，加强政德修养的一个重要途径就是不断深入学习中华优秀传统文化蕴含的政治智慧，关于为官从政、修身立德的思想理念、关于修齐治平的人文素养和道德规范。比如，“先天下之忧而忧，后天下之乐而乐”的政治理想；“纸上得来终觉浅，绝知此事要躬行”的实事求是思想；“海纳百川，有容乃大；壁立千仞，无欲则刚”的虚怀若谷思想；“筚路蓝缕、敢为人先”的初心思想；“民惟邦本，本固邦宁”的民本思想；“夙夜在公、鞠躬尽瘁、死而后已”的无私奉献精神；“水能载舟，水能覆舟”的居安思危意识；“吾日三省吾身”的躬身自问思想；“清”“慎”“勤”的为官清廉思想；“举头三尺有神明”的心存敬畏的规矩意识；“慎独、慎初、慎微、慎欲”的自律意识；等等。这些思想虽然有当时条件和认识水准的局限性，但仍然散发着思想光芒，只要结合当代治国理政新实践、新要求，进行创造性转化和创新性发展，就可以凝练成领导干部从政为政必须秉持的道德理念和准则，从而帮助领导干部树立正确的权力观、地位观、利益观和人民观、

① 习近平. 之江新语［M］. 杭州：浙江人民出版社，2007.

政绩观、廉政观。

“国有四维，礼义廉耻，四维不张，国乃灭亡”（《管子·牧民》），这是古人对他们那个时代的核心价值观的认识。何谓四维？首先是礼，其次是义，再次是廉，最后是耻。“维”是指支撑事物的大柱子，引申为固定事物的东西。国之四维的作用是什么呢？具体来讲就是一维绝则倾，二维绝则危，三维绝则覆，四维绝则灭，它的意思是治国需要有“礼义廉耻”这四大纲纪，是支撑起国家的四根顶梁柱，缺一不可。如果这四大纲纪没有融入社会的发展和国家的治理中，那么国家和社会将处于比较危险的境地；如果在社会运行中没有了礼义廉耻的约束和制约，那么这个国家有可能会覆灭。礼义廉耻，具体来讲，一则，“礼”就是社会群体当中的人应该共同遵循法律准则和道德规范，如孔子主张恢复周礼来维护社会秩序，使大家的言行不逾矩。二则，“义”就是公平、正义，这是社会的伦理原则，也是社会的良知，在管子看来，这个“义”还有推让、辞让和取舍的意思，也就是说，在涉及大是大非的关键时刻要懂得取舍，知道轻重。三则，“廉”，那就是廉洁，不贪、不腐、不占；不骄奢淫逸，不私欲膨胀，古人讲公生明，廉生威，就是在强调做事要光明正大，为人光明磊落。四则，“耻”，顾名思义，就是要有廉耻、羞恶之心，不好逸恶劳，不见利忘义，保持善心和善行。礼义廉耻并重，理应成为社会普遍遵循和认同的价值准则。如果每个社会成员自觉遵守社会规范，人人知廉耻，行善举，知耻行善，为政者两袖清风，一心为民等，国家就会走向繁荣昌盛。

习近平总书记指出：“人类社会发展的历史表明，对一个民族、一个国家来说，最持久、最深层的力量是全社会共同认可的核心价值观。”如果没有共同的核心价值观，一个民族、一个国家就会魂无定所，行无依归。[①] 我们从治国理政的层面提出富强、民主、文明、和谐、自由、平等、公正、法治、爱国、敬业、诚信、友善的社会主义核心价值观，在全社会积极倡导和培育社会主义核心价值观，就是因为我们在社会发展过程中，出现一手硬一手软现象，片面注重发展经

① 中央宣传部．习近平总书记系列重要讲话读本［M］．北京：学习出版社、人民出版社，2016：189.

济，社会道德呈现危机，表现为道德滑坡，价值取向世俗化、平庸化。如果不对这种不正确的社会风气加以抵制，我们的社会就会莫衷一是，出现思想和价值取向混乱，已经取得的经济成果也会毁于一旦。随着经济全球化、数字化、信息化、网络化的发展，我们在思想文化领域上也出现了多元化的社会思潮、多元化的价值取向以及不同的利益诉求。多元与指导思想一元是辩证统一的，多元化与复杂化的思想文化领域，需要有精神引领和价值导向，社会主义核心价值观就是这样的精神引领和价值导向，起到规范社会行为的作用。社会主义核心价值观是立体化和层次化的，从国家的角度而言，应以实现富强、民主、文明、和谐为目标；从社会发展的角度而言，应以创建自由、平等、公正、法治的价值为追求；而从公民个人角度而言，我们应自觉以爱国、敬业、诚信、友善的准则来规范自己。现阶段，正是这些凝魂聚神的核心价值观，明确指出了我们将来应该建设一个什么样的国家、创建一个什么样的社会以及培育什么样的公民，与“国之四维”是一致的，从本质上来说，现如今所倡导的社会主义核心价值观，就是继承和发扬了中华优秀传统文化中的道德精华，对当今社会的发展具有价值引领作用。

我们之所以强调立德的重要性，就是因为道德有价值引领作用。我们每年都评选道德模范、道德标兵，评选感动中国十大人物，这样做的目的就是为了强化道德引领的驱动力，通过舆论宣传融化在社会里，注入人心里，融入日常生活当中，让大家学习、借鉴、模仿，由少数人带动一批人，由一批人带动一群人，由一群人带动一个社区、一条街道或一个地方的社会风气好转，使社会道德像波浪一样向前推进，从而形成良好的道德风气。社会主义核心价值观是对社会道德的提炼和升华，模范是时代的楷模，他们当中有名人，但更多的是普通人，他们在平凡的岗位上书写了平凡而伟大的故事，这些平凡而伟大的故事蕴含着超越时代的道德闪光点，这些闪光点集中起来，将像探照灯一样引领时代前行。比如全国道德模范杨善洲，在他身上充分体现了一个优秀共产党员无私奉献、鞠躬尽瘁的精神追求，体现了一个优秀共产党员全心全意为人民服务的宗旨，体现了淡泊名利、毫无自私自利之心的共产党人的修养，不管是为官一方还是退休以后到大亮山发挥余热，始终保持共产党人高风亮节的品格，把自己的一生毫无保留地献给了党和人民的事业，他不愧是时代的楷模。再如，河北农业大学李保国教授在学术研究方面有着很高的造诣，他常年在太行山区出入，把农民作为自己科研的对象，在他心里，太行山的农民群体就是一个深不可测的科研富矿，他通过自己的潜心研究，把科研成果和农民的需要结合起来，和社会发展的实践相结合，帮助当地农民发展农业生产，带领当地民众走出了一条经济社会生态协同提升的脱贫新路。习近平总书记对杨善洲、李保国同志的事迹和精神作出了高度的评价，把他们比作是新时代的“新愚公”。他说，中华优秀传统文化在今天依然是我们推进改革开放和社会主义现代化建设的强大精神力量。① 是的，中华优秀传统文化有着极其深厚的社会土壤，是我们取之不尽用之不竭的思想文化宝库，是社会主义核心价值观的重要思想源泉。可以说，从古至今，华夏民族就是一个盛产崇高精神的民族，虽表现形式各有不同，但精神追求始终一致。比如，女娲补天，精卫填海等都体现了中华民族的自强不息的民族精神，因此，我们必须立足中华优秀传统文化，深入挖掘和阐发中华优秀传统文化中的仁爱思想以及正义、和合价值理念，加强青少年对中华优秀传统价值的价值认同和心理认同，从而在全社会达到培育和践行社会主义核心价值观的目的，以巩固国家认同意识、民族集体意识和个人担当意识。新时期，我们用社会主义核心价值观来凝聚社会共识，从而达到引领社会风尚的效果。无论是主政浙江，还是成为总书记后，习近平总书记都非常重视公民道德建设，他告诫人民，尤其是青少年，要重视个人道德习惯的养成，明志致远、内省自励、见贤思齐、戒骄戒躁、慎独守规、尽责敬业等，这些品格养成不是一朝一夕的事情，这些品格也不是孤立的，可以内化为职业操守、处世原则。古人讲“从善如登”，说明养成良好行为习惯是一个向上攀爬的过程，稍不注意就会滑坡，也说明良好道德不是一朝一夕就可以养成的，必须始终保持积极向上的人生态度，不弛不堕，不懒不散；而“从恶如崩”则表明若不持续加强道德修养，以前良好的品德养成也会功亏一篑。

① 习近平. 深入开展学习宣传道德模范活动，为实现中国梦凝聚有力道德支撑［EB/OL］. http://www.xinhuanet.com//politics/2013-09/26/c_117526476.htm

三、大学之道，在明明德

所谓“明明德”就是指发扬美好的道德，“明明德”中第一个“明”是动词，就是彰显的意思，第二个“明”是形容词，“明德”就是美好的品德，“明明德”是指要将美好的道德广布于天下，使大家熟知，与孟子的“亲亲而仁民，仁民而爱物”意思相似。而“亲民”指的是要将这种积极向上、乐善好施的美好德行普及广大民众的心中，革故鼎新，除旧布新，以摒弃愚昧思想，目的是把它作为全社会的价值追求，以期达到“止于至善”的社会目标。而要达到这样的要求，需要良好的教育和广大教育工作者相结合，我们经常把老师比作园丁，比作燃烧自己照亮他人的蜡烛，天空中的启明星等，而把青少年比作花园里的花朵和早上八九点的太阳，在这个意义上，教师的道德修养具有很强的示范性，用以教化祖国的花朵，所以园丁的品德很重要。我们坚持教育者要以身作则，这样才能担当学生成长道路上引路人的角色，正所谓“学高为师，身正为范”，身体力行，一言一行就是最好的表率。

就崇礼明德而言，从古至今，有很多的流派和各种观点，但教育的核心是培养社会发展所需要的人，这一点是共识。具体而言，就是要培养一批具有爱国主义情怀，拥有较多的知识储备，具有深厚的文化底蕴，能够推动社会发展和维护国家长治久安的经世致用人才。从民族发展史的角度来说，其文化传统具有一定的民族特色和符号，这是区别于其他民族和国家的显著特征，对这些传统我们要采取扬弃的态度。我们要改变对传统文化的固定思维模式，因为随着时代的变迁，各民族文化融合和互鉴，我们要站在新的历史起点，站在新的历史方位去辩证看待传统文化，即结合现实去发掘和创新传统文化的精髓，用以指导新时代的发展。在这一点上，习近平总书记给了我们一些具有启发性的见解，传统文化在其形成和发展过程中，不可避免会受到当时人们的认识水平、时代条件、社会制度的局限性的制约和影响，因而也不可避免会存在陈旧过时或已成为糟粕性的东西。[①] 因此，我们所培养的人才一定是时代发展和国家发展所需要的人才，从本质上来说，教育就是用来服务社会的，我们培养人才也是服务社会发展的，教人以德也是服务于社会的，在这一点上，古今中外概不例外。

曾有古言记载：“临患不忘国，忠也；思难不越官，信也。”它充分体现了古代有识之士公而忘私、国而忘家的家国情怀，这种思想一直贯穿在中国知识分子的成长进程中，苏武被困匈奴十九年而不屈，文天祥面对高官利诱大义凛然，朱自清面对美国的救济粮大声说不，顾炎武的天下兴亡，匹夫有责，都体现了有为有志有德知识分子生生不息的家国情怀。五千年文化从未断流，历史不会忘记，李四光、钱学森、邓稼先等老一辈知识分子们，在祖国亟须人才时，他们不为名利，或冲破层层阻力回到祖国怀抱，或摆脱利益羁绊甘愿为国奉献，或隐姓埋名为国家鞠躬尽瘁，在他们身上有着浓厚的爱国情怀和赤子之心，充分显现了中华儿女“临患不忘国”的刚毅品格。现如今，我国要实现中华民族的伟大复兴，需要大批有识之士赓续爱我中华的精神血脉，弘扬“为中华之崛起”的振兴中华的鸿鹄之志。

四、勿以善小而不为，勿以恶小而为之

崇德可以明辨是非。明辨是非就是要善于明辨对错、善恶、美丑，以便做出正确的选择。习近平总书记曾告诫广大青年当面临多重选择时，最重要的是要用正确的世界观、人生观、价值观来引导自己做出正确的选择。正确的世界观、人生观、价值观是辨别是非的一把尺子。当然，道不可坐论，德不可空谈。德行修养一定要落到实处，从一点一滴的小事做起。习近平总书记说他对“人民”二字的理解源自他插队的经历，他自己就是人民，他把自己融于人民，把自己看成人民的一分子，吃最糙的饭，干最累的活，他经常对广大青年寄予厚望，正所谓青年兴则国兴，青年强则国强。广大青少年从小就要学习、思考，吾日三省吾身，每天多问自己是不是关心集体了，是不是关心同学了，是不是遵纪守法了，是否

① 习近平．在纪念孔子诞辰2565周年国际学术研讨会暨国际儒学联合会第五届会员大会开幕会上的讲话［M］．北京：人民出版社，2014：11.

孝顺父母和热爱祖国了，因为这样的思考本身就是修身养性的过程，经过长时间的日积月累，便能修身养性。我们常说“勿以善小而不为，勿以恶小而为之”，道德的养成在于积累，因为“善不积不足以成名，恶不积不足以灭身”（《周易》）。因此，不仅是广大青年，还有我们的党员干部，都要做到善小常为，恶小不为。在这方面，毛泽东同志也曾经说过，一个人做一点好事其实并不难，难的是一辈子做好事。换句话说，要想成为品德高尚的人就要时刻牢记道德养成永远都在路上，要时刻记住从现在做起，从我做起，因为道德的培养贵在持之以恒的积累。有些人晚节不保就是因为后来放松了学习，放慢了修养，放弃了坚守，在道德的养成上半途而废，出现五十九岁现象。有人则把它作为信仰坚守了一辈子，如全国道德模范——龚全珍，她是开国将军甘祖昌的夫人，1957 年，龚全珍随甘祖昌回到江西省莲花县务农并一直从事乡村教师工作，离休后，又扶贫助学，发挥自己的余热为社会服务。在她几十年如一日的光辉岁月中，不忘初心，离休后义务给当地老百姓讲革命先辈们浴血奋战的传奇故事，宣讲理想信念在生活中所起的重要作用，艰苦朴素勤俭持家，从来都不舍得给自己增添一套新的衣服，却心甘情愿拿出自己的积蓄去资助贫困大学生。良好的社会风气是涵养社会美德的土壤，失去了这样的社会土壤，就难以形成淳朴的社会风尚。优秀的中华传统文化是我们的精神之根，价值之源泉，任何时候都不能摒弃中华优秀传统文化，失去传统根基，社会定会魂无所依，思想会变得浮躁和混乱，社会风气会随之变坏。

德有公私之分。公德，就是公共领域的道德，即社会公德。私德，指的是个人道德，是指个人在私人空间通过言谈举止所表现出来的具有稳定性的个人素质。对共产党人而言，守公德就是要践行党的宗旨，全心全意为人民服务。公德和私德既是一对反义词，也是连襟词，公德与私德不是截然分开的，公德不守，私德必乱，私德放纵，反过来会影响公德，例如重庆草帽姐打人案、万州公交车坠江案，其不良影响殃及家庭和社会。公德是用来维护社会秩序的约定俗成的规范或者法律法规，规定了我们应该做什么和不应该做什么，起到规范行为的作用。对于党员干部来讲，不但要守公德，还要严私德，严格约束自己在公共场合和私人领域的言行，不要心存私心和私欲，更不能在背地里任私欲膨胀。为政者要做到光明磊落，清正廉洁。在私德这个问题上，党员不能有丝毫懈怠，要始终有风险和忧患意识，自觉净化自己的朋友圈、生活圈、娱乐圈，做到慎独、慎微、慎思、慎行，用内心的道德准则监督自己。习近平总书记多次告诫全党领导干部要减少工作以外的应酬，多和家人相聚，更不能利用职务之便以公权谋私利，侵吞人民利益，要坚守作为一个党员干部应有的行为准则和道德操守，以身作则，明公德，倡良善。其实对党员干部来讲，私德不是私事，它事关党和政府的形象；私德也不是小事，关乎个人的荣辱和事业的发展。中国传统文化中的廉政思想，形成于古代社会发展的过程之中，体现了当时人们对廉政价值的认知和判断，而这种认知和判断，对中国古代历史上风清气正社会局面的出现起到过积极作用。历史不仅是一面镜子，还是一本教科书，以历史为鉴，可知兴替。在历史的对比中，我们可以反观自己，反思自己①，找出其中的不足之处，即前车之鉴，后事之师。

正如习近平总书记所指出的：“研究我国反腐倡廉历史，了解我国古代廉政文化，考察我国历史上反腐倡廉的成败得失，可以给人以深刻启迪，有利于我们运用历史智慧推进反腐倡廉建设。”② 中国古代历来讲格物致知、正本清源、正心修身、天下为公，这是中国古人修身、齐家、治国、平天下的处世准则。在个人层面的要求包括格物致知、诚意正心、廉洁修身，这一点与社会主义核心价值观所倡导的爱国、敬业、诚信、友善的内在要求是一致的；而齐家，可以理解为是社会层面的要求，就是在管理好自己之后还要管理好自己的家庭，家齐则国治，俗话讲，一屋不扫何以扫天下，它与社会主义核心价值观所倡导的自由、平等、公正、法治的理念相一致；治国平天下是基于国家层面的要求，古人说，穷则独善其身，达则兼济天下，所倡导的就是作为社会中的个体，应积极为国家和社会贡献自己的一分力量，这与社会主义核心价值观所倡导的富强、民主、文

---

① 王杰. 汲取传统思想智慧 提升国家治理水平——论习近平总书记传统文化观在治国理政中的应用[N]. http://www.ccdi.gov.cn/lswh/lilun/201503/t20150310_119671.html

② 习近平谈治国理政（第一卷）[M]. 北京：外文出版社，2018：390.

明、和谐是相一致的。因此，从中国传统文化的传承和发展脉络来看，中国的传统文化为当今社会的发展提供了丰厚的精神土壤，在实践上丰富和发展了中华民族的优秀传统文化，并结合新时代的发展进行了创新，充分体现了民族精神与时代精神的相互融合。2014 年 3 月，习近平总书记在德国的演讲中指出："一个民族最深沉的精神追求，一定要在其薪火相传的民族精神中来进行基因测序。有着 5000 多年历史的中华文明，始终崇尚和平，和平、和睦、和谐的追求深深植根于中华民族的精神世界之中，深深溶化在中国人民的血脉之中。"① 现如今，随着社会的发展，我们在新的历史条件下提出"四个全面"发展战略，实现对中国传统文化的创造性转化和创新性发展，立足于中国国情，借鉴和吸收世界优秀文明成果，齐心协力打造面向现代化、面向世界、面向未来的具有中国作风和中国气派、具有时代创新特色、彰显中华民族个性的社会主义新文化。

第二节 "见贤思齐，见不贤而内自省"的个人修养准则

一、种德者，养其心

王阳明在《传习录》中说："种树者必培其根，种德者必养其心"，党性修养是共产党人修身立命的必修课，也是共产党人的"心学"。古有恒言："天下国家。"认为天下之本在于治国，国之本在家，家之本在于修身。党的十八大以来，我们开展了一系列"三严三实""两学一做"等专题教育活动，目的在于加强党员的道德修养。为人先修德，修德先修身，古代讲的修身就是我们今天讲的理想信念、党性修养。习近平总书记从新时代的实际出发，结合新时代的要求对修身立德工作提出了一系列新论断、新观点、新要求。习近平总书记这一论述，不仅仅是对中华民族优秀的传统文化的一种继承，更为关键的是它具有明确的新时代

① 习近平谈治国理政（第一卷）[M]. 北京：外文出版社，2018：265.

特征、新时代要求、新时代内涵。它是传统文化与时代新发展的有机结合，体现了传统与现代的辩证统一。

首先，修身是一门处世哲学。对于修身的重要性，党的十八大以来，习近平总书记高度重视传统文化中的修身思想，多次强调“见贤思齐焉，见不贤而内自省也”（《论语·里仁篇》）的重要性。修身是“立命”的基础，是儒家提倡的君子处事原则，它强调自身德行修养和塑造是长期习得的结果，对广大党员干部来说，修身就是不断磨炼身心，涵养德性，秉持党纪党规，时刻谨记全心全意为人民服务的宗旨。在中国传统文化中，儒家以修身作为人生教育的重要目的，具体来讲，就是要把修身体现在日常生活中，择善而从，其不善者而改之。从时间维度来讲，修身并不能一蹴而就，它是需要在后天的教化中不断积累的，也是一个与陋习和缺点作斗争的过程，因此，修身考验一个人的意志力。在这个过程中，我们要时时检视自己的德行，用诚心、仁爱的情操来祛除思想中的杂质，最切实的办法就是择善而从之，通过相互勉励来提高。

其次，修身是推动社会发展的强大动力。在中华文明的历史长河中，修身理念是中国传统文化的重要组成部分，更是推动中华民族发展壮大的内在驱动力。儒家所倡导的修身、齐家、治国、平天下，修身被放在首位，充分体现了传统文化中“正人先正己”“己欲立而立人”“己欲达而达人”的思想，后继者更是发出了“为天地立心、为生民立命、为往圣继绝学、为万世开太平”的政治理想。可见，修身一直是推动社会发展的重要力量，习近平总书记在治国理政的理念中不断汲取和借鉴中国传统文化中的修身文化，不断强调各级领导干部要把严以修身摆在首位。

修身内靠修“心”，外靠修“行”。古人讲“静坐常思己过”“吾日三省吾身”“见贤思齐焉，见不贤而内自省也”，强调实践对修身的重要性，特别是在艰苦环境中的实践修行，对磨炼人的意志很有帮助。孟子讲：“故天将降大任于是人也，必先苦其心志，劳其筋骨，饿其体肤……曾益其所不能。”（《孟子·告子下》），也是讲磨砺的重要性，我们常把一个人高风亮节的品格比作梅花，因为梅花香自苦寒来。习近平总书记在会见中外记者时，曾用“不要人夸颜色好，只留清气满乾坤”来比喻中国执政党的处世态度，从深层次讲，这句诗不仅彰显了中国作为一个负责任大国的自信，同时也传递出一个重要信息：大国地位等不来、靠不来，是中华民族历尽千辛万苦奋斗出来的。为了续写中华民族更伟大的辉煌，作为党员干部应该义不容辞把民族复兴的重任担在肩上，越是在关键时刻，越是在发展的攻坚期，党员干部越要干在实处，走在前列。党的十八大以来，我国取得了历史性的成就，做成了许多过去想做而没有做成的大事，这些硕果的背后离不开一个强大的执政党运筹帷幄的治理能力，更离不开广大党员干部求真务实的工作作风。现如今，中国特色社会主义发展进入新时代，我们党员干部更加需要脚踏实地，静以修身，俭以养德，带领全国各族人民投身社会主义建设的新高潮中。

立业先立身，党员干部要树立正确的名利观，加强自身修养是第一要务。只有提升道德境界和修养，才能在实际工作中保持言行一致，处处发挥好模范带头作用，更加有利于各项工作的推进。习近平总书记也曾谆谆告诫：“理想信念坚定，骨头就硬，没有理想信念，或理想信念不坚定，精神上就会‘缺钙’，就会得‘软骨病’。”①

最后，修身要随着实践的发展而发展，做到与时俱进。习近平总书记指出：“天下为公、担当道义，是广大知识分子应有的情怀。”② 作为新时代榜样的黄大年同志，一个享誉世界的科学家，一名优秀的中国共产党党员，留学海外数十年，仍不忘自己的根之所在。如他自己所说：“我是国家培养出来的，我的归宿在中国。”他放弃了国外优越的待遇，响应国家“千人计划”的号召毅然归来，带领团队刻苦钻研，创造多项国际领先的科研成果，直至以身许国，用实际行动诠释了一名优秀共产党员的报国之心和强国之志，他的高尚品格为广大科技工作者树立了“苟利国家生死以，岂因祸福避趋之”（《赴戍登程口占示家人》）的光辉榜样。国强则家旺，作为国家的一分子，要把个人的命运与国家的命运结合起

① 中共中央宣传部．习近平总书记系列重要讲话读本［M］．北京：学习出版社、人民出版社，2014：159．

② 习近平：紧跟时代肩负使命锐意进取 为共同理想和目标团结奋斗［EB/OL］．http://www.chinanews.com/gn/2016/04-29/7854235.shtml

来，把个人理想与国家发展目标、发展战略结合起来。只有树立远大的理想信念，才能在集体中找到个体的立身之本、成才之基。在历史的长河中，有无数个像钱学森、黄大年一样的知识分子，他们以跳动的赤子之心诠释着忧国忧民者的责任与担当，他们的精神力量将永远鼓舞着我们不忘初心、奋力前进。

习近平总书记指出，功成名就时做到居安思危、保持创业初期那种励精图治的精神状态不容易，执掌政权后做到节俭和内敛、敬终如始不容易，承平时期严以治吏、防腐戒奢不容易，重大变革关头顺乎潮流、顺应民心不容易。[①] 习近平总书记提出的这“四个不容易”，核心与本质就在于不断加强党员干部的自身修养，以“打铁还需自身硬”的责任担当投身于中华民族伟大复兴的宏伟事业中。2018年1月5日，习近平总书记在新进中央委员会委员、候补委员和省部级主要领导干部贯彻学习习近平新时代中国特色社会主义思想和党的十九大精神研讨班开班仪式上再次强调，作为一名中国共产党党员，特别是作为党的领导干部，一定要时刻严以修身，锤炼党性，在各个方面过硬，理想信念过硬、政治意识过硬、责任过硬、能力过硬、品行作风过硬。落实到党的工作中，就是要求党员干部们在理想信念方面，积极主动带头做好共产主义远大理想抱负和中国特色社会主义共同理想的坚定信仰者；在政治方面，必须增强“四个意识”，即政治意识、大局意识、核心意识、看齐意识，切实做到对党忠诚、为党分忧、为党担责、为党尽责；在思想政治上要坚定自己的政治立场、政治方向、政治原则、政治道路。[②] 不走歪路，不做失职之事；在实践方面坚守党的政治纪律，执行党的政治路线，与党中央高度保持一致。理想信念是指路明灯，没有理想，就容易迷失方向。因此，在全面从严治党的新时代，各级党员干部更应成为坚守共产党人理想信念的中流砥柱。

---

① 习近平：以时不我待只争朝夕的精神投入工作 开创新时代中国特色社会主义事业新局面［EB/OL］. http://cpc.people.com.cn/n1/2018/0105/c64094-29748659.html

② 习近平在学习贯彻党的十九大精神研讨班开班式上发表重要讲话［EB/OL］. http://www.gov.cn/zhuanti/2018-01/05/content_5253681.ht

二、人人自有定盘针，万化根源总在心

今天，共产党人的心学就是党性修养和理想信念，同时也是中国共产党人的底盘与基石。王阳明讲："人人自有定盘针，万化根源总在心"（《咏良知四首示诸生》），这里的"心"是良心、良知，也是人品、人格，失去这个磐石与基础就会迷失方向，变得六神无主，甚至变得心术不正。做人首先要修身，修身是人生第一要义。丰富的修身思想蕴含在中华优秀传统美德中，广大党员干部要多看书、多学习，向古人学习，拜人民为师。时代是出卷人，我们是答卷人，人民是阅卷人，共产党的执政能力和地位从本质上说是来自人民的。党的执政基础和力量来源于人民，如果离开了人民的支持和拥护，党的执政能力就会变成无本之木、无源之水，执政地位就会变得不堪一击。能否保持党同人民的血肉联系，既是对党执政特别是长期执政能力的考验，也是对党执政地位最根本的检验。"得民心者得天下，失民心者失天下"（《孟子·离娄上》），这是亘古不变的真理。一个政党如果失去了人民群众的支持与拥护，便失去了生命力，失去了执政的根基，也就谈不上先进不先进了。人民是党的根基、血脉，执政的力量来源于人民。只有保持党与人民群众之间的血肉联系，党就会无往不胜。因此，在砥砺奋进的新时代，各级党员干部应时刻把严以修身作为从严治党的必修课，不断锤炼党性，做到无愧于党、无愧于时代。习近平总书记曾强调：切不可忘记了政府前面的"人民"二字。政府是人民的政府，只有人人起来监督才不会人亡政息。习近平总书记提出领导干部要在思想上解决"入党为什么，当'官'做什么，身后留什么"的问题，着重指出不求"官"有多大，但求无愧于民，每一个领导干部都要懂得"乌纱帽"不是为自己谋私利的护身符，而是为人民谋幸福的责任状。

首先，修身是共产党员的立身之本。习近平总书记为什么要强调在新时期我们中国共产党人要严以修身？那是因为在新时期，我们党面临着前所未有的挑战，越是在这个时候，每一个共产党人越需要严格要求自己，坚定理想信念，做到慎独慎微。中华民族自古讲求修身之道，主要是从克己修身、自我修养这个方面说的，对今天的中国共产党人来讲，修身要和学习马克思主义经典著作、培育

和践行社会主义核心价值观、恪守党纪党规结合起来，具体地讲，就是要把严以修身和全面从严治党联系起来。修身是终身课题，永远在路上，只有进行时没有完成时，因为道德修养是永无止境的，没有最好，只有更好，所以我们一定要用高标准来要求自己，做一个有理想、有道德的人，做一个有益于人民、有益于社会的人。

习近平总书记在全国党校工作会议上指出：“我们干事业不能忘本忘祖、忘记初心。我们共产党人的本，就是对马克思主义的信仰，对中国特色社会主义和共产主义的信念，对党和人民的忠诚。我们要固的本，就是坚定这份信仰、坚定这份信念、坚定这份忠诚。”[①] 虽然党员干部加强道德修养的途径有很多，除了学习马克思主义经典著作外，最重要的还是要结合自己的工作实际自觉从中华优秀传统文化中汲取思想营养，努力并且谦逊地向人民群众学习，用严格的标准去规范自己，并且要虚心接受别人的批评。《论语》有一句话叫“见贤思齐焉，见不贤而内自省也”。思齐就是向他人看齐，向有德才的人看齐，自省是什么意思呢？在生活中看见那些品行和德行不好的人该怎么做呢？我们要先反省自身，再回想自己是不是有类似的表现，是否有和他一样的错误，有则改之。

其次，修身是服务人民的基石。以人民为中心的发展思想，体现了人民是推动历史发展的根本力量的唯物史观。[②] 人民群众是历史的创造者，人民群众是历史活动的主人，是推动历史车轮滚滚向前的动力，人民群众的力量是坚不可摧的。打开中国革命的历史画卷，我们可以清楚地看到，谁关心群众的疾苦，谁为民办事，谁就能获得民众的支持。相反，如果漠视民众的呼声，如果不把人民群众放在心里，甚至违背人民的意愿，就一定会被历史淘汰。民能载舟，亦能覆舟，取得政权不容易，维护政权更不容易，因为维护政权必须要得到民众的拥护。人民的力量是无穷的，无论面对多大的困难，只要得到人民群众的大力支持，万众一心，众志成城，就能取得胜利。民心是最大的政治，对贪腐这类丑恶

① 习近平：在全国党校工作会议上的讲话［EB/OL］. http://www.xinhuanet.com/politics/2016-05/01/c_128951529.htm

② 中共中央宣传部. 习近平总书记系列重要讲话读本［M］. 北京：学习出版社，2016：128.

现象，如果不加以制止任其发展，最直接的结果是遭到人民的唾弃。只有坚定消除腐败的决心，对腐败零容忍，中国共产党才能在历史长河中创造新的历史辉煌。因此，就严以修身而言，党的领导干部应加强自身党性修养，自觉树立廉洁自律意识，时刻保持同人民群众的血肉联系。各级领导干部要坚持权为民所用，利为民所谋，不以权谋私，不徇私枉法，始终保持中国共产党人的政治本色。做到权力观正确，廉洁奉公，兢兢业业，严于律己，始终保持一颗艰苦奋斗、不卑不亢的心。做到心中有民，心中爱民，真正的代表民众用好权、掌好权。常怀律己之心，常思贪欲之害，像莲花一样出淤泥而不染、濯清涟而不妖，如竹子一样一身正气，管他东西南北风，咬定青山不放松，坚守共产党人的操守与品格。

做好中国的事情关键在党。党的十八大以来，习近平总书记强调过许多次，办好中国的事，关键在党。只有从严管党治党，才能确保党在发展中国特色社会主义历史进程中始终成为坚强领导核心。[①] 纵览中国共产党的发展史，它是一部服务人民群众，为人民群众谋幸福的历史，贯穿于中国革命、建设和改革的历史中，贯彻在我们党的全部工作和活动当中。

最后，修身是一个长期的过程。修身是一场修行，它不是天上掉下来的，也不是与生俱来的，是在生活中锤炼而来的。对于修身，习近平总书记这样强调，严以修身，重在“严”上。修身是建设廉洁政治、严肃党内政治生态的不可或缺的条件，习近平总书记在 2018 年 3 月 10 日参加重庆代表团审议时谈道，政治生态同自然生态一样，稍不注意就容易受到污染，一旦出现问题再想恢复就要付出很大代价。[②]

---

① 中共中央宣传部. 习近平总书记系列重要讲话读本［M］. 北京：学习出版社、人民出版社，2014：156.

② 孙竞，朱虹，申亚欣，王政淇. “习近平两会下团组”系列解读之五：“政治生态同自然生态一样，稍不注意就容易受到污染”［EB/OL］. http://lianghui.people.com.cn/2018npc/n1/2018/0313/c417507-29864061.html

三、与人不求备，检身若不及

2013年的6月28日，习近平总书记在全国组织工作会议上引用“与人不求备，检身若不及”（《尚书·商书·伊训》）的标准来培养和使用人才，用我们现在的话来解释就是要严以律己，宽以待人。这一宽一严体现了人才培养的柔性尺度。习近平总书记多次强调领导干部务必加强学习，以学益智，以学修身。领导干部作为中国特色社会主义先进文化建设的组织者和倡导者，应该起表率带头作用，要胸怀大志，要有远虑，切不可小肚鸡肠。有一个故事，出自《宋史·吕蒙正传》，吕蒙正是参知政事，第一天上朝的时候，就听见有一个官员在那儿无礼地说，这小子是参加政事？吕蒙正听得清清楚楚，然而他听见了就当没听见一样一直往前走，旁边的人都非常生气了，说这人怎么这么无礼呢？就跟吕蒙正说，问问这小子叫什么名字。吕蒙正说千万别问，你要问了，就永远忘不掉这个名字了，你要不问，这件事就到此结束了。吕蒙正没有问，这件事就过去了。此事被传出，周围人都认为吕蒙正胸怀非常宽广，这是宽以待人。吕蒙正还严于律己，他做了参知政事后，有一个人为了巴结他，想送给他一面铜镜，说这个镜子可以洞悉方圆两百里内的东西，吕蒙正知道这位官员在奉承自己，便调侃说自己的脸只有盘子大小，无需这么大一个镜子，于是婉言谢绝了。通过这两个故事，可以看出吕蒙正不但宽以待人，而且还严于律己。与人不求备，检身若不及，对于修身来说是一个非常难的标准，如果一个人能做到这两条，应该说是修身的很高的一个境界。这些修身理念放在今天仍具有借鉴意义，不管是普通百姓还是领导干部都应该常怀律己之心，定期进行反思，常洗洗澡、照照镜子。当然，宽以待人，不是说要放弃原则或者说抛弃底线，而是把原则性和灵活性结合起来，讲究党性和底线又不失灵活性，在讲究原则和党性的前提下，做到从善如流，这样才能更好地推进工作。

没有规矩，不成方圆。习近平总书记指出，要加强对权力运行的制约和监督，把权力关进制度的笼子里。① 法律在某种程度上就是全部社会成员需要坚守的规矩，也正是这些规矩保证了社会的有序运行。在修身方面，党员干部更需发挥内在自律作用，就如同道德一样，一方面，需要法律法规来进行约束，另一方面，还需要加强自身内在约束。作为领导干部，自己遵守法律法规、党规党纪的同时，还要加强家属教育，增强他们的政治意识和政治规矩。习近平总书记在2015年12月召开的中共中央政治局专题民主生活会上有过这样的论述，要求全党做到的，中央政治局的同志首先要做到。要提高廉洁自律意识，在依法用权、正确用权、干净用权中保持廉洁，在守纪律、讲规矩、重名节中做到自律。中央政治局的同志要抵制特权思想，不搞特殊化，加强对亲属子女和身边工作人员的教育管理。② 从论述中不难发现习近平总书记表达了两层含义：一是领导干部要以党规党纪严以律己，不断接受来自各级的监督；二是对自己的亲属子女和身边的工作人员要加强教育、管理和监督。在这一方面，老一辈革命家是我们学习的典范，特别是在家风建设方面，老一辈革命家能够清廉自律，做到身修、家齐。

我们说讲规矩，更重要的是思想上守规矩，思想不动摇，则行动不动摇。一方面，作为党员干部，其言行举止在社会中起到示范作用，党员干部只有先给自己设定红线不触碰，才能在实际工作中做到严以修身，严以用权，真正把权力用到为人民谋利益的地方，充分贯彻全心全意为人民服务的宗旨。另一方面，进入新时代新阶段，在全面建成小康社会的节点上，党员干部要干在实处，走在前列，承前启后，继往开来，为建设社会主义现代化强国而继续拼搏和奋斗。作为党员干部，作为实现这伟大目标的倡导者和主持者，更加需要严守政治规矩，正心修身，要成为时代的楷模。

严以律己才能防患于未然，我们应在错误行为发生之前就开始制止，首先在思想层面要有坚定的理想信仰，正确的政治立场，看问题办事情一定要站在新时代发展的维度，用全局性、长远性的发展目光进行思考和判断。我们知道，坚守

---

① 习近平谈治国理政（第一卷）[M]. 北京：外文出版社，2018：388.

② 习近平谈治国理政（第二卷）[M]. 北京：外文出版社，2017：191.

马克思主义信仰是中国共产党人安身立命的底盘和根基，是中国共产党人的精神追求，如果丧失了这个最基本的理想信念，立德修身便无从谈起。

从理论层面讲，坚守信仰就是要坚守马克思主义的信仰，坚守共产主义的理想信念，并把这个理想信念当作共产党人的核心理念，筑牢理想之基，对各种错误思潮随时准备亮剑，这是共产党人经受住各种风险考验的思想磐石。己不正焉能正人？而正己的前提便是树立坚定的理想信念，有了正确的思想理念，才会有合乎实际的行动。作为党员干部，要加强对马克思主义经典著作的研读以强化自身理论修养，在此基础上，认真研读中华优秀传统文化中关于道德修养的书籍，把马克思主义理论与中华优秀传统文化结合起来，把修身养德与理想信念结合起来，达到内省自律，外省修身，提升个人的道德修养。

在实践层面，部分党员干部出现思想滑坡、信仰动摇，违法乱纪、贪污腐败的现象，归根结底是理想信念不坚定，思想上缺钙，精神上得了“软骨病”。因此，一方面，党员干部一定要以身作则，展现新时代党员干部的新风貌，做到正人先正己，而后服于众。再次，用马克思主义经典著作武装头脑，壮大思想武器，善于辨明是非，恪尽职守；在为政过程中，选贤臣，远小人，做一个严以修身，严以律己，严以用权的好干部。最后，党员干部要把理想追求落到实处，不能空喊口号，要切实履行自身职责。

修和行是辩证的，修是内心的规矩，对行起到指导作用，行是修的结果，品德的修行重在实践。新时代领导干部不但要常修为政之德，还要常行为政之实，把为政之德落到实践中，不断提升领导者的政治素养和政治能力。习近平总书记指出，知古可以鉴今，要治理好今天的中国，不但需要了解中国的历史，还需要对其优秀传统文化进行深入了解，更需要对古代治国理政的政治智慧和社会管理经验进行总结、分析和提高，为今天的国家治理提供有益借鉴。在社会治理进程中，中华民族积累了丰富的治国理政经验，如礼法合治、德主刑辅的治国方略，尊贤重能、德才兼备的选人策略，人尽其才、避短用长的用人策略，与民休息、安民惠民的百姓情怀，“敬”“慎”“敏”的工作态度，“毋意”“毋必”“毋固”

“毋我”的工作方法，“恕”“和”“信”“谦”的处理人际关系艺术，治国先治吏、治吏必从严的治吏策略等。在为政实践中，领导干部应吸收借鉴古代治国理政的成功做法和经验，结合时代和实践需要，总结出一套行之有效的治理策略、方式、方法，提高治理能力，掌握为政智慧和艺术，不断将党和人民事业推向前进。①

① 北京市习近平新时代中国特色社会主义思想研究中心．有的放矢：以优秀传统文化滋养为政素养［N/OL］．http://theory.people.com.cn/GB/n1/2018/0918/c40531-30299243.html? ivk_sa=1024320u

第四章　家国一体
——"家是最小国，国是千万家"的家国同构理念

第一节　"天下之本在国，国之本在家"的家庭细胞建设理念

一、积善之家，必有余庆

中华民族自古以来重视亲情，而亲情源于家庭，因而把家庭作为建设对象是历史与现实的需要，古往今来，不少通俗易懂的俚语朗朗上口，深入人心，如勤俭持家、天伦之乐、家和万事兴等都体现了这种观念。中国是有着五千年悠久历史的文明古国，家庭建设、家庭教育源远流长，家庭文化博大精深。同时，家庭文化作为独特的文化元素在中国传统文化中占有一席之地。中国人看重家庭建设，讲究家庭和睦，邻里亲善，特别是在一些传统佳节上体现了家庭文化背景，如"有钱没钱，回家过年"的春节文化，拜年、团聚、走亲访友、发红包，春节不仅是对过去一年的总结，对未来一年的期许，更是家人团聚、共享天伦的重要时刻，也是家庭家风建设的重要环节。

十八大以来，习近平总书记围绕家庭建设、家教家风建设发表了一系列重要论述，每次讲话立意高远，内涵丰富，思想深刻，所引用的妙词佳句都是老百姓

耳熟能详的，对于唤起老百姓的家国意识、动员社会各界广泛参与家庭文明建设起到了引领作用。“家是最小国，国是千万家”，在中华民族的集体意识里，家国总是一体的，没有国哪有家，没有家又如何成国呢？家庭是社会的细胞，是国家发展、社会进步的重要支撑点。把家庭维护好、发展好对建设美丽中国、实现中华民族伟大复兴是大有裨益的。把个人梦、家庭梦与国家梦、民族梦融合起来，心往一处想，劲往一处使，能汇聚起全社会家庭团结的力量，凝聚成推动国家和社会发展的磅礴力量。2015 年在春节团拜会上讲话时，他提到了孟郊的《游子吟》，以表达对家庭家风建设的重视。孟郊年少贫寒，常年在外漂泊，四十六岁才考中进士，在看透了世态炎凉后，更觉亲情可贵，写下传颂千古的名作《游子吟》。这首诗语言朴素，用词通俗，感情真挚，内容深刻，表达了中国人深厚的家庭情结。家庭是人生的第一所学校、社会的基本细胞，也是遮风避雨的场所。虽然时代和生活格局发生了巨大变化，传统大族家庭在慢慢解体，但家庭建设的重要性没有变化，家庭教育的地位没有动摇，昔有孟母三迁、岳母刺字、孔融让梨，今有“五好家庭”“最美家庭”，道德模范、道德标兵。感动身边的人，把爱带回家，涵养好家风，传承好家教，树立新时代家庭榜样，用“五好家庭”“最美家庭”引领带动身边更多的家庭建设。注重家庭、家教、家风建设，使千千万万个家庭健康成长，成为国家富强、民族复兴、社会发展的基础。

习近平总书记在谈家庭建设时引经据典，如“天下之本在国，国之本在家”“爱子，教之以义方”“爱之不以道，适所以害之也”“积善之家，必有余庆；积不善之家，必有余殃”等①，围绕家教养成、家风建设、家规家训等内容论述家庭建设的重要性，解读家庭的前途命运同国家和民族的前途命运的关系，告诫父母身教重于言教，父母的言行举止都会成为子女的榜样，因此，家风建设的好坏，不仅关系到家族的兴衰荣辱，对党员干部来讲，更事关党风政风建设。

“天下之本在国，国之本在家，家之本在身”（《孟子·离娄上》），意思是说天下的基础是国家，国家的基础是家庭，家庭的基础在于修身。三者之间相互依

① 康辉.《平“语”近人——习近平总书记用典》解说词（第四集）国之本在家［EB/OL］. http://www.xinhuanet.com/politics/2018-10/12/c_1123547765.htm

存，相互促进。因此，要想国家好，社会就得稳定，社会稳定的根源在于家庭好，而家庭好就意味着每个人都要好，每个人为家庭兴旺作出自己的贡献。家庭的兴衰会波及个人，而个人的进退也会影响家庭。每一个人要以正确的人生态度努力做好自己，为家庭、为社会作贡献，如果家庭和谐美满了，社会必然会井井有条，国家繁荣兴盛，天下才能长治久安。它们之间环环相扣，互为前提，相互促进，具有长期性、关联性、建设性。

个人是家庭的一分子，家庭是人生的第一所学校，个人成就高低在很大程度上取决于第一所学校的教育成果。家庭是最小的社会结构，个人最终的归宿也是家庭，人除了是社会人，也是家庭人，当街坊邻居谈到某人时，经常说是某某家的，因此，家是一种归属感。人不管成功与否，最后都要回归家庭，当人成年后也会成家立业并养育后代，他（她）会把自己所受的家庭教育代际传递下去，这种代际传递可能是有意识的，也可能是无意识、潜移默化的，把父母对自己的教育传递到下一代，形成原生态的家庭。习近平总书记强调家庭建设的重要性，实质是强调干好事业的同时，也要经营好自己的家庭，把大家与小家结合起来，把个人与社会、与时代结合起来，并把它付诸行动，发散到爱国爱家的行动中，做到爱国与爱家的完美结合。

在中国传统文化中，家庭对于个人品行教化承载着非常重要的作用，把家庭文化建设作为家族兴旺发达的重要标志。家庭作为社会的细胞，为情感交流、子女教育、婚丧嫁娶、衣食住行等基本需求提供了保障。除了保障衣食无虞之外，家庭还是精神庇护的港湾，是涵养良好行为的土壤。家庭承担着启蒙教育的重任，如“曾子杀猪教子”“孟母三迁”“王羲之教子习书法”“岳母刺字”等启蒙故事广为流传，激励了一代代中国人，让中国人深信个人的成功与家庭教育有着紧密的关系。良好的家庭能培养出具有举止文明、情趣健康、言行一致、敬业进取等优秀品质的社会人才，为社会发展起到促进作用，反之，问题家庭养育出来的孩子可能会滋生各种社会问题，把对家庭的不满发泄到社会中，给社会带来不稳定因素。家庭和谐了，社会也会稳定；家庭出了问题，社会也会受到牵连。

儿女是父母的翻版和再版，有什么样的家庭就有什么样的孩子，什么样的教育培育出什么样的孩子，而优良的家庭风气则会培养出优秀的孩子。在中国传统文化中一直重视以文字书信教育子女，其中不乏经典，如《曾国藩家书》《傅雷家书》等，尤以《曾国藩家书》最为著名。该经典是曾国藩一生的心血结晶，是其在行军打仗、治国理政之余的思考和体悟，其内容既包括修身、治家、为政，又包括理财、交友、识人，还包括处世、待人、做事等，这些家书成了今天教育子女和家人的重要精神食粮。中国有句俗话叫“三岁看大，七岁看老”，强调的就是要在关键期打好基础，才能从根上帮助子女未来成才。一个人德行出了问题，一定和家庭有关系，与家庭氛围有关，家庭是人格成长最基础的土壤。一些原生态家庭生而不教，教而不严，导致子女品行出现问题甚至其事业婚姻的失败，别无其他，就是父母忽视了家庭教育的示范作用，没有承担起应有的家庭教育义务。家门不幸往往是家风不浓、家教不严、家规不守导致的。托尔斯泰曾经说过：“幸福的家庭是相似的，不幸的家庭各有各的不同。”幸福家庭的相似之处在于家风、家教、家规方面有所建树的，都在子女的教育方面取得成功。我们要构建和谐社会，家庭和睦、家风和顺必不可少，古人讲一屋不扫何以扫天下，这一屋就是一家，扫一家就是建设好一个家庭，家庭没有建设好，如何建设社会。所以社会要公正有序，国家要长治久安，离不开良好的家风建设。我们常讲父母是人生最好的老师，家庭教育是人生的第一课堂，父母的品行本身就是一种无声的教育，父母的作为和品行是家风建设的内核，对未成年人来说尤其重要，问题孩子大部分是家庭或者家庭建设出了问题。家庭建设也是社会建设的重要组成部分，构建好和谐家庭对构建社会主义和谐社会意义深远。家风往往能展现作风，作风又恰恰影响着家风。一个良好的家风能养成清廉的作风，一对暴戾的父母可能要毁掉一个家庭。对普通人来讲，家风影响到子孙后代的成长，对领导干部来讲，家风影响到一个人仕途的进退，一个家庭的荣辱，甚至关系到党风、政风、民风，不少贪腐官员出现“塌方式腐败”、家族式腐败，家教失败是一个很重要的原因。所以，对党员干部来讲，家庭建设绝不是一件小事，也不仅仅是自家的事情，而是社会和国家的事，家庭问题也不仅仅是个人问题，而是党性认识问题和政治态度问题。对党员干部来讲，能否管好自己、管好家人以及身边的工作人员是涉及党性原则的问题，在这方面绝不能犯糊涂，要守住底线，不能把家给害了。家是最小国，国是千万家，有家才能成国，有国才能安放家，没有大国崛起何来小民尊严，小家连着大家，连着身家性命，当然，家庭的事也不仅仅是个人的私家事，如子女教育、廉政建设，它也是国家的事、社会的事。网上报道的很多因为家风建设不善引发的连锁反应，如重庆“帽子姐”案、四川严书记事件等，都暴露出家风建设存在的问题。

家庭是社会的细胞。家庭细胞出了问题会影响和反映到社会，如万州公交车坠江案、重庆“帽子姐”案等，家庭建设顺畅了，则社会也会安定祥和，家庭文明建好了，则社会风气也会好起来，“老吾老以及人之老，幼吾幼以及人之幼”讲的就是这个道理。历史和现实告诉我们，家庭的命运同国家的前途命运休戚相关。只有家庭好，国家才能好，民族才能复兴。国家的繁荣昌盛、民族的复兴和人民的幸福是建立在千家万户的和美和亿万人民幸福生活的基础上的。今天，党领导全国各族人民正在为实现第二个百年目标而奋斗，家庭建设、家庭幸福必不可少。古人讲家庭建设，讲究忠和孝，讲父母在，不远游，游必有方。在交通和通信高度发达的今天，要常回家看看，看看父母、看看孩子，特别是常年在外打工的父母，一定要记得自己的家在哪里，记得自己的父母孩子，即使暂时回不了家也要与家里常联系。母慈子孝，生动表达了中国人深厚的家庭情结。而中国自古以来形成的是家国一体的社会伦理结构，以及在此基础上凝结而成的家国情怀，塑造了中国人独具特色的生活方式、民族性格和文化心态，造就了浓厚的家庭文化，世界上没有哪个国家能像中国这样，家和国联系得如此紧密。[①]

习近平总书记在家庭建设问题上非常重视，反复强调家国命运是一体的，家庭的前途命运同国家、民族的前途命运息息相关。换句话说，当我们做任何事情时，不仅要关注自己的小家庭，还要关心大家、国家，必要时，我们必须舍小家顾大家。古往今来，有许多的榜样和楷模，值得我们后人去学习、去景仰。大禹三过家门而不入，秋瑾作为一个知识女性，不满足于自己的小家庭，为救国家于

① 刘亚玫，马焱．新时代家庭建设的根本遵循——学习习近平总书记关于家庭建设的重要论述［J］．中国妇运，2019（04）：19-21.

水火，以“我以我血荐轩辕”的勇气投身革命。从古到今，无数仁人志士用生命抒写了崇高的家国情怀，早在春秋《诗经·小雅·采薇》里就将家与国浓烈的感情进行了描述：“昔我往矣，杨柳依依；今我来思，雨雪霏霏。”《大学》中也是把“齐家”与“平天下”放到了同等重要的位置；战国屈原在《离骚》中将现实与浪漫相结合，表达了对家国无法抑制的忠贞与爱恋；汉代霍去病的“匈奴未灭，何以家为”道出了中国最简单的“国”“家”情感；晋代刘琨的《答卢谌书》里首次提到了“国破家亡”这一词语，明确表达了国不存在家必毁灭的不二事实；唐代杜甫的“国破山河在”“家书抵万金”，充分反映了在动荡时期爱国与思家是个人最真诚的情感来源，在两者不可兼得的情况下，只能舍小家顾大家；范仲淹在个人处于逆境时仍大声疾呼“先天下之忧而忧，后天下之乐而乐”；岳飞面对破碎的山河发出“待从头、收拾旧山河，朝天阙”的感慨；陆游在年迈时依然想起“铁马冰河入梦来”；文天祥在面对敌人劝降时坚贞不屈，喊出“人生自古谁无死，留取丹心照汗青”的壮言。可以看出，古代仁人志士将爱国与爱家密切联系在一起，凸显了慷慨激昂、永不衰竭的爱国精神。明代于谦的“一寸丹心图报国，两行清泪为思亲”，顾宪成的“家事国事天下事事事关心”，顾炎武的“天下兴亡，匹夫有责”表现了家国一体，同思同忧的博大胸襟。爱国英雄林则徐在面对非难时仍表现出“苟利国家生死以，岂因祸福避趋之”的崇高境界，谭嗣同面对刽子手的屠刀喊出“我自横刀向天笑，去留肝胆两昆仑”的豪言壮语慷慨赴死，处处为国家和民族的利益着想。孙中山的“天下为公”，徐锡麟的“只解沙场为国死，何须马革裹尸还”更是激励着无数中国人不甘屈服、杀身成仁、舍生取义，体现了为改变国家和民族命运不惜牺牲生命的伟大气概。

二、爱子，教之以义方

一个国家和民族只有培养好青少年，才有美好的未来，国家才有希望。梁启超讲少年强则国强，而有志、有为少年是需要家庭和社会悉心培养的。俗话说：“养不教，父之过”，讲的就是这样一个道理。对每个家庭而言，教育好子女是责任，也是义务；对于子女来讲，家长的言传身教对他们影响很大，甚至可以说影响一生，正面教育的影响可能要慢慢显露出来，负面教育的能量也不容小觑，甚至会在小孩身上投射下很大的心理阴影面积，造成长大以后的人格缺陷或人格障碍。

古人说：“爱子，教之以义方。”这句话出自《左传·隐公三年》，是春秋时期大臣石碏劝谏卫庄公不要过分宠溺其子州吁时说的，“方”是途径，“义方”就是正确的途径。这句话的含义是指爱孩子就应该教导他正确的行为方式，让他走正道，而不是一味宠爱。“爱之不以道，适所以害之也”（《资治通鉴·晋纪十八》），讲的是东晋十六国后赵皇帝石虎爱子不当的故事。父母爱子女无可厚非，但如果方式不正确，其结果反而是害了他们。这两句话虽隔了一千多年，一正一反，认真反思，受用无穷。以史为镜，可以知兴替，据《左传》记载，卫庄公宠妾生子州吁，卫庄公爱屋及乌，对他十分宠爱，到了“有宠而好兵，公弗禁”的地步，大臣石碏劝谏卫庄公阻止其子的放纵行为，说继续下去将影响卫国政局的稳定，但卫庄公犹豫不决，继续宠爱着州吁，导致州吁恃宠而骄，在卫桓公继位后弑君篡位，州吁倒行逆施的行为被百姓唾弃，终至被杀。这样的故事让人唏嘘，问题的根源在于卫庄公的教育出了问题，可见毫无原则的爱只会带来家庭悲剧。

但耐人寻味的是不少人没有从历史中吸取教训，类似卫庄公一样的糊涂父亲不绝于书。皇帝石虎就是个例子。石虎是出了名的暴君，他的皇位就是通过政变得来的，但是他却十分宠爱自己的儿子。石虎有子石宣和石韬，他爱石宣也爱石韬，让他们共同执政，允许他们自行赏赐和惩罚官员，自己做一个甩手掌柜。大臣司徒申钟认为赏罚是君王才能行使的权力，不应将此权交给儿子且不合礼制。可石虎刚愎自用，导致石宣与石韬矛盾激化，石宣暗中派人刺死了石韬，而石宣最终也死于石虎之手，至此后赵元气大伤，石虎死后，儿子们为夺争帝位互相残杀，逐渐衰落，终至国亡。

类似的悲剧为什么会不断重演，表面原因是溺爱，深层原因是家庭教育出了问题。在教育中要分清什么是对的，什么是错的，什么是义方，什么是害方，对的坚持执行，错的加以纠正。这是一个长期的过程，古人对此有深入的思考，形成了“重品格，严修身”的家庭教育思想。爱他，就要教育他，《三字经》里讲道：“养不教，父之过；教不严，师之惰。”父母生了之后还要养，生而不养，孩子出了问题，父母有不可推卸的责任。善意的提醒，警告是必不可少的，家庭、社会、学校教育三位一体，但家庭教育是小孩的品德修养形成最重要的环节，目前的学校教育侧重于知识教育，社会（社区）教育还没有完全建立起来，所以，家庭教育对小孩的成长尤为重要，特别是思想品德教育乃重中之重。小孩容易受社会不良风气的影响，如果没有良好家庭教育的正面引导，小孩长大后容易误入歧途。父母是孩子最好的老师，也要做孩子最好的老师，父母自己要养成好的德行，再把好的习性传递给孩子，这样才能形成正向传递。对正在养成习惯的孩子来说，树立正确的世界观、人生观、价值观尤为重要。每一个蹒跚学步的孩子从来到世界开始就不断受到来自父母耳濡目染的影响，而这种影响就是无声的家庭教育。

三、以身教者从，以言教者讼

大家都听过司马光砸缸的故事，然而在司马光的文字记述当中，另外一件事让他终生难忘，毕生受益。据文字记载，司马光小时候和姐姐一起玩，有一次，他们想给那青核桃去皮，姐弟想了很多办法也没有成功，姐姐离开了，剩下小司马光站在那里一筹莫展，最后还是家仆来帮忙，用热水将整个青核桃烫了烫就把皮给剥了，小司马光得意地在姐姐面前炫耀说是自己剥的，没想到被父亲揭穿，严厉批评了他不诚实的行为。父亲的一句“小孩子不能说谎”，深深地烙印在司马光的头脑里。多年后，司马光在与他人交谈中谈到这件事，做一个诚实的人，这是司马光父亲给他最好的教育。诚是要发自肺腑的，以真诚的态度对待自己和别人，不自欺也不欺人，这是司马光一直秉承的做人原则。后来有个学生要离开他，希望其送给自己座右铭时，司马光以“诚”字作为座右铭送给了他。纵观历史，司马光用一生践行了父亲给他的教诲，同时还将这种美德传递给了自己后辈，这颗挚诚的种子早在父亲严厉批评时就种下了。

有些小孩有叛逆心理主要在于父母没有成为小孩的榜样，比如有的父母叫小孩不要玩手机，但自己在家时随时抱着手机，成了手机的爸爸妈妈；叫小孩不要玩游戏，自己却沉迷于游戏，就是榜样没做好。教育小孩要做到的，父母自己要做到，教育小孩不能做的，父母自己不去做，这样才能以身作则。广大家庭要重视言传身教，帮助孩子走好人生第一步，帮助他们扣好人生的第一粒扣子，而不仅仅是让儿女做自己的翻版和复制版。要在家庭教育中有意识地培育小孩用实际行动践行社会主义核心价值观，引导他们热爱国家、热爱社会、热爱班集体。《三字经》讲：“玉不琢，不成器。人不学，不知义。”父母在家庭中具有表率和榜样作用，只有身体力行，言传身教，才能教育好子女。《庄子·天道》讲道：“语之所贵者意也，意有所随。意之所随者，不可以言传也”，这是“言传身教”最早的来源。范晔在《后汉书》也写道：“以身教者从，以言教者讼”，再次提及“言传身教”的作用。古人讲身教重于言教，不是说言教不重要，相反，在家庭教育中，言教占很大比重。不难发现古人在进行教育的过程中就已经开始既重视言语的教导作用，又重视行为的示范作用。在儒家思想中，“言传”与“身教”结合起来，不仅教授后代做人做事的正确道理，而且自己也要严格要求，积极践行这些道理，做后世的典范。《论语·子路》有言：“其身正，不令而行；其身不正，虽令不从。”儒家“身正为范”的观点表明身教重于言教，得到了不少思想家的认同。作为法家代表的韩非子就曾记载了“曾子杀彘”这个典型例子，通过曾子以“杀彘”这一实际行动教育儿子做一个言而有信的人，肯定了家庭教育既要重言传，更要重身教的重要理念。南北朝时期著名教育家颜之推在《颜氏家训》中明确反对“无教而有爱”的宠溺教育，强调有原则的爱。明末清初的理学家孙奇逢在《孝友堂家规》中同样提出“立家之规，正须以身作范”的身教思想。所以，实施“重言传、重身教，教知识、育品德，身体力行、耳濡目染”的家庭教育模式能够有效达成教育目标。

家长理应主动担负起教育后代的责任。做父母就应该教育孩子，这是天经地义的，也是责无旁贷的。在中国传统文化中，有很多家教严格的例子，如孟母三迁、陶母退鱼等。没有严格、严厉的家庭教育，小孩容易养成惰性，滋养娇生惯养、拈轻怕重的坏习惯。“帮助孩子扣好人生的第一粒扣子，迈好人生的第一个台阶”[①] 是家庭教育最大的作用，这里的“扣子”和“台阶”涉及的内容十分丰富，但最重要的是道德教育，尤其是价值观教育。习近平总书记讲：“是因为青年的价值取向决定了未来整个社会的价值取向，而青年又处在价值观形成和确立的时期，抓好这一时期的价值观养成十分重要。”[②] 他形象地将此比喻为穿衣服扣扣子，如果第一粒扣子扣错了，那么剩余的扣子都会扣错。人生从一开始就要把第一粒扣子扣好。所以家庭教育的道德教育功能无论过去，现在还是将来，均具有重要的意义，需要每个家庭高度重视。

在中国传统文化中，不少名言警句也反映了古人重品格、严修身的家庭教育思想。《尚书》中明确写道“满招损，谦受益”；《论语》里“躬自厚而薄责于人，则远怨矣”“见贤思齐焉，见不贤而内自省也”“君子坦荡荡，小人长戚戚”等为现代家庭教育提供了思想渊源；陈寿在《三国志·蜀书·先主传》中的“勿以恶小而为之，勿以善小而不为”的谆谆教导；申涵煜的“爱子不教，犹饥而食之以毒，适所以害之也”更是深刻透彻。这些优秀的传统文化也滋养了青年时候的习近平，让其深受熏陶，成了他家教观思想的重要来源。

第二节 “义方既训，家道颖颖”的家风培育理念

一、治家严，家乃和

有一句话讲得非常好，说良好的家风是一个家庭真正的不动产。家风又称“门风”，从狭义上讲是一个家庭当中的风气，是家庭或家族中慢慢养成的生活作风。从广义上讲它是一种家庭文化，规范家族成员的道德品质、审美情趣、待人接物、交朋结友的行为规范准则等，建立在家族集体认同的基础上。“家风”是

① 习近平：在会见第一届全国文明家庭代表时的讲话［DB/OL］. http://www.xinhuanet.com/politics/2016-12/15/c_1120127183.htm

② 习近平谈治国理政（第一卷）［M］. 北京：外文出版社，2018：172.

中国传统文化中的重要精神力量，最早见于西晋潘岳的《家风诗》，诗中写道：“义方既训，家道颖颖。岂敢荒宁，一日三省。”意思是家庭规范已经建立，每位家庭成员就必须以此为戒，发扬光大并严格遵守；不能让个人贪图享乐、放纵行为将之败坏，家庭成员每天对照规矩，深刻反省自己的行为是否与之相符。

2016 年，习近平总书记在会见第一届全国文明家庭代表时，谈到家风建设的重要性，把它比喻为一个家庭的“不动产”，告诫各级领导干部要带头抓好家风建设。对领导干部来讲，家风建设与党风和生活作风建设密不可分，好的家风会促进生活作风，不好的家风会带坏家庭成员的生活作风，甚至败坏党风，并引用“所谓治国必先齐其家者，其家不可教，而能教人者，无之”来说明家风建设对党员干部的重要性。《礼记·大学》提出了儒家开展教育的“三纲领”和“八条目”等原则，影响着后世儒家的家风家教文化，如耳熟能详的“明明德、亲民、止于至善”就是其“三纲领”；“八条目”则是指“格物、致知、诚意、正心、修身、齐家、治国、平天下”，强调了作为读书人必须通过努力做好修身，再在修身的基础之上进行家庭治理即齐家，修身齐家既事关个人品德修养，也事关家齐国治的社会大我，突出了治国平天下是大追求，是终极目标，和个人修养并行不悖，是个人修养最后的归属。做老实人，办老实事，不攀高枝，不附权贵，做一个有骨气的、有底气的人，这是我们广大党员干部应该坚守的家庭底线。对今天的青少年来说，他们没有经历磨炼，更没有经历磨难，享受着父母给他们创造的物质财富，如果没有良好的家庭教育，只是一味溺爱和毫无原则的满足，必然会养成骄纵的脾气，出现富不过三代的现象，所以，一定要建立良好的家风。古人讲：成由勤俭败由奢，从善如登，从恶如崩，说的就是这个道理，家庭家风建设需要长期培养，不是一朝一夕的事情，更需要潜移默化、润物无声。

“广大家庭都要弘扬优良家风，以千千万万家庭的好家风支撑起全社会的好风气。”[①] 习近平总书记明确指明了“家风”建设重大意义，其好坏从微观上讲制约家庭成员发展，影响家庭成员的关系，从宏观上来说则影响着社会风气的形

---

① 习近平谈治国理政（第二卷）[M]. 北京：外文出版社，2017：355-356.

成，社会风气是由家庭教育出来的子女的品性构成的。良好的家风像一颗美好的种子播种在人心，这颗种子更会随着家庭成员的足迹去到天涯海角，去组成更多的美好家庭，从而营造出美好、和谐的社会风气。习近平总书记重视和提倡家风建设，主要有以下几方面：

首先，传统文化凸显了“家风”建设的传承性。在中国古代，有识之士都十分重视家风对家庭成员的教育作用。《礼记》中的《曲礼》等不少篇章，对当时的家庭礼仪进行了具体的描述，再如诸葛亮《诫子书》中“俭以养德”，司马光编撰的我国历史上最早的家庭礼仪著作《家范》与《书仪》、陆游的《示儿》、李毓秀的《弟子规》、曾国藩的《曾国藩家书》等名篇，内容涉及“做人”“做学问”“修身”“为官”“为国”等方面，将“家风”的榜样性、社会性、传承性等特点诠释得淋漓尽致，让人感受到家风润物细无声的教育效果，成为习近平总书记提倡“家风”建设的文化基础，而这个基础也是习近平总书记长期接受良好家庭教育的结果。

其次，时代发展提出了家风建设的必然性。习近平总书记重视家风建设源于新时代发展的需要，党的十九大报告中指出，当前我国发展正处于重要的战略机遇期，机遇与挑战并存，领导干部更应该自我学习、自我革新、自我完善。党的十八大以来，党中央采取了坚决举措，坚持反腐败工作零容忍、无禁区、全覆盖，取得了一系列成果。但是贪腐问题并未因此绝缘，尤其是小官巨贪与高官落马引发了社会舆论的广泛关注和强烈反响，折射出某些领导干部的“家风”出了严重的问题。在这些贪腐干部的“熏陶”下，家族成员腐败成风，形成塌方式腐败、家族式腐败，这些家庭的“家风”不仅没有发挥塑造健全人格的作用，反而助推了贪腐干部走向犯罪的深渊，成为少数贪腐干部的腐败温床。

2015 年，习近平总书记在主持召开中央全面深化改革领导小组第十次会议上指出，领导干部的家风是领导干部作风的重要表现，那些专断、武断的工作作风与其家风建设密不可分，对领导干部来讲，家风建设不是无关痛痒的个人小事，也不是上不得台面的家庭私事，而是家事、国事、天下事。要求党员干部重视起家风建设，打造好拒腐防变的铜墙铁壁。正是因为中国共产党能够随着时代的发展不断地进行自我净化、自我完善、自我革新、自我提高，始终不忘初心，牢记使命，才能够在革命、建设和改革中带领广大人民群众奋勇向前，开创一个又一个新局面，取得一个又一个伟大胜利。党的建设是一项“伟大工程”，而党风建设又是党的建设中的重中之重，强调党员干部的个人修养和家风建设不是一桩小事，而是关系到党风、社风、政风纯不纯的问题，影响着伟大梦想的实现、伟大斗争的进行、伟大事业的推进。

历史已经证明，凡是在中华民族发展中留下千秋功业的圣贤，其作风与家风往往是相辅相成的，无论是“鞠躬尽瘁死而后已”的诸葛亮、“先天下之忧而忧”的范仲淹，还是“苟利国家生死以”的林则徐，个人的优良作风促成了良好家风的形成，而好的家风又促进好的作风养成，成为子孙后世的榜样，也是中华民族的榜样。反之，有些奸佞之臣家风不正，最后落了遗臭万年的骂名，这样的故事也比比皆是，引人深思，如贪腐成性的杨国忠家族，引来安史之乱，使得唐王朝由盛而衰；狡诈专横的蔡京家族，引发宋朝内乱不止，加快了宋王朝的灭亡；只手遮天的严嵩家族，助纣为虐，激化人民与国家的矛盾，加速了明王朝的没落。作为新时代的党员干部，肩负党的重托，手握人民赋予的权力，就应该时刻以史为鉴，从历史中吸取经验教训，建设良好家风。

党的十八大以来，以习近平同志为核心的党中央狠抓从严治党，在坚持党要管党的基础上，狠抓思想、政治、制度和组织建设，强调思想建党和制度治党同向发力，把它纳入“四个全面”战略布局高度，掷地有声地喊出“宁可得罪千百人，绝不辜负十三亿”，以无禁区、全覆盖、零容忍的态度“打虎”“拍蝇”“猎狐”，在坚持和发展中国特色社会主义进程中将党的建设推进到了新阶段。2015年10月，中共中央首次将廉洁治家作为考核党员干部的标准之一，把廉洁自律作为党性修养的重要内容，要求党员干部以身作则给家庭成员传递正确的权力观和价值观，以良好的家风推动党风、政风建设。

在全面治党的过程中，不难发现，很多贪腐堕落的官员在家风建设上失之于宽、失之于松、失之于察，甚至受家人裹挟、唆使和摆布，从而出现夫妻店、兄弟帮、父子兵等家族式腐败，辜负了党和人民的信任，给党和国家事业造成了损失，严重影响了社会风气。这些案例反复告诫世人，领导干部能否保持政治上的坚定性、思想上的纯洁性、行为上的廉洁性，管理好自己的亲戚、家属、子女尤为重要，领导干部在以身作则做好带头示范作用的同时，一定要严以治家，加强对家族成员的教育和监督，不搞区别对待和特殊化，真正打好“预防针”，建好清正廉洁的“后花园”，绝不可后院起火。

2016 年 12 月 12 日，习近平总书记在会见第一届全国文明家庭代表时谈道：“家风是社会风气的重要组成部分，家庭既是人身体的住处更是人心灵的归宿。家风好，就能家道兴盛、和顺美满；家风差，难免殃及子孙、贻害社会。”“积善之家，必有余庆；积不善之家，必有余殃”（《周易·坤·文言》）就是这样一个道理，诸葛亮诫子格言、颜氏家训、朱子家训等，都是在倡导“积善之家必有余庆”的家风。家风是社会文明的窗口，也是国家和社会风气的晴雨表，家风可以窥见社会风气，社会风气可以影响家风，两者相辅相成，相得益彰。

二、积善能裕，怀德惟宁

习近平总书记为说明家风建设的重要性，引用“积善之家，必有余庆；积不善之家，必有余殃”（《周易·坤·文言》）名言警句加以说明。这里的“积善”是指持续长期做好事，“余庆”是指遗留下来的福泽，“余殃”是指遗留下来的灾祸。不善的作用往往是灾难性的，往大处说，杀父弑君，家庭不睦，父子反目，妻离子散，兄弟阋墙的；往小处说，它会败坏自己和家庭的名声，甚至给个人和家庭带来灭顶之灾。其原意是讲经常行善积德的人家，必然在社会中有不少人帮助，能为子孙后代留下不少泽福，而长期作恶多端的人家，会有不少仇家，必然会给家庭和后世留下不少祸殃。虽然有几分因果循环，种善得善，种恶得恶的味道，但符合辩证因果关系。它告诫人们首先要心地善良，切不可肆意妄为；其次展示了对待“善”的不同态度，最终量变成质变，小恶积成大恶，突出了长期忽视“不善”的严重后果；再次警醒人们要防微杜渐，及时止住不良行为的发生，及早发现并解决问题。家庭教育是潜移默化的，家庭教养是长期的，不可以一蹴而就，家教奠定了一个人的人生底色。善良、正直的家庭会培养出来积极上进的孩子；而那些好吃懒做、偷奸耍滑的家庭就没有理由责怪孩子没有上进心。龙生龙，凤生凤，但能否成龙成凤，还得靠教育，特别是家庭教育。很多纨绔子弟并不是生而纨绔，而是家庭溺爱造成的，所以家风建设的可贵之处是我们怎样强调都不过分的。在此语境之下，要把家风养成放在首位，不能一曝十寒，也不能三天打鱼两天晒网，必须持之以恒。家风好，家教严，家庭必然和睦，子孙必然兴旺；如果放松对家风建设的监督，任由其恶性发展，不但个人发展受影响，家庭也受到牵累，造成家门不幸，甚至会危害社会。因此，习近平总书记呼吁大家向文明家庭学习，以先进为榜样，认清什么是好家风什么是坏家风；通过倡导家庭文明建设带动千千万万个家庭行动起来，由家风带动社风好转。

文化是价值的载体，国学大师梁漱溟曾说过，中国文化的核心要义就是家国情怀，认识清楚了这一点，就可以把握住中华优秀传统文化的家国同构的合理内核。在中华儿女眼中，“家国一体”从来是表达自身情感的独特精神标识。习近平总书记谈到像“诸葛亮诫子格言、颜氏家训、朱子家训等，都是在倡导一种家风”[①]，希望大家从中汲取养料，从而继承和发扬优良家风。“诸葛亮诫子格言”是诸葛亮临终前写给年仅八岁儿子诸葛瞻的一封家书，整封家书展现了诸葛亮个人高洁的品格和渊博的才学，流露出父亲对儿子的殷殷教诲和无限期望，整封家书言语简练，字字珠玑，成为历代文人名士修身齐家的典范。在家书中，“诸葛亮提到个人的行为要‘静以修身，俭以养德’；个人的追求要‘非淡泊无以明志，非宁静无以致远’；个人的成长要‘学须静也，才须学也，非学无以广才，非志无以成学’”[②]，个人品行不当则会“淫慢则不能励精，险躁则不能治性”。诸葛亮用自己的一生践行了鞠躬尽瘁死而后已品格，而他的儿子诸葛瞻也带着自己的儿子在蜀汉王朝即将灭亡之际以死报国，没有辜负父亲的谆谆教导。

《朱子家训》是理学家朱柏庐所著，又名《朱子治家格言》。全文从治家的角度谈了个人安身立命（安全、卫生）、行为习惯（勤俭、有备、饮食），日常作为

① 习近平谈治国理政（第二卷）[M]. 北京：外文出版社，2017：355.

② 光明日报评论员：汇聚力量 成就不凡 [EB/OL]. http://www.81.cn/gnxw/2020-03/02/content_9756785.h

（房田、婚姻、美色、祭祖、读书、教育、财酒、纳税、为官）、习性培养（戒性、体恤、谦和、无争、交友、自省、向善、顺应、安分、积德）等诸方面的问题，教导子孙后世做一个正大光明、知书明理、生活严谨、宽容善良、崇高理想的人，在今天的现实意义不言自明。诸如此类的家风家训还有不少，习近平总书记曾多次谈及传统文化是中华民族的根和魂，因此，要建设好家风就需要追根溯源，从传统家风文化中加以继承，因为这些都是中华家教文化的精华，在历史发展中不断演化、凝练，经历了历朝历代风雨的洗礼，经得起历史的考验，是中华民族重要的精神食粮。

三、为忠为良仕于朝

家训家规家法是古代约束家庭成员的成文或不成文的法规，主要是对家庭成员进行训诫教育，萌芽于先秦时期，《尚书·无逸》是家规家训的雏形，记载了周公对成王的训诫之辞，真正发展起来是后期，“我国传统家训发展，可分为四个时期：两汉三国的开创期，晋唐的成熟期，宋元的转型期，明清的普及期。”[①]汉代经过秦末的纷争与动乱，统治者对社会的治理逐步向儒学靠拢，汉武帝通过“罢黜百家，独尊儒术”使得儒学地位开始确定、巩固，受此影响，儒家的伦理道德观念开始深入家训家规。两汉之后的三国时期，儒学的地位并不高，世家大族开始依靠实力垄断权力，使得家规家训的制定由豪族大家而出。到了晋唐时期，大家族式的文化垄断因为小家庭数量的不断增加而被打破了。魏晋南北朝时期私学的兴起，家庭建设不断规范，家规家训出现在普通庶族家庭中且不断发展成熟，以家训为名的文字著述开始出现。宋元时期程朱理学开始盛行，世俗社会不断兴起，文人所形成的士族阶层不断发展壮大，越来越多的书香门第家庭重视家训家规建设，使自己的家族势力永续保持下去，从而使得家规家训更加地世俗化、系统化。明清时期，家规家训成为统治阶级进行思想教育的工具，尤其到了晚清时期，既具有儒家思想，又具有开放视野的洋务派官僚如曾国藩、李鸿章、

---

① 陈振波. 中华优秀传统文化视野下当代家规家训建设的思考［J］. 广西社会主义学院学报，2018（05），26-31.

左宗棠、张之洞等，他们将自己对国家、社会、个人、世界的认识写入家规家训中，在注重修身养性的同时，注重经世致用，使家规家训的社会价值得到提升。

一般而言，家训反映了家庭成员对当时世界的看法，具有明显的价值取向。家族规则凸显家庭成员如何处理各种社会关系，具有明显的约束性，违者将受到处罚甚至被逐出家族，两者常相互关联。如《大学》中所述：“古之欲明明德于天下者，先治其国；欲治其国者，先齐其家；欲齐其家者，先修其身，身修而后家齐，家齐而后国治，国治而后天下平。”家训家规也反映了这一思想，把提高个人修养和维持家族利益结合起来，形成一个家国一体互补教育体系。家训家规的主要内容是强调如何处理好家族邻里的关系，如尊祖宗、孝父母、和兄弟、严夫妇、训子弟、睦宗族、厚邻里；如何处理好个人发展的关系，如勤俭持家、廉洁奉公、勤勉读书等。在家训家规中，突出的是家庭伦理规范，讲究内修德，外建功，光耀门楣。

名人的家训家规因其教育的示范作用往往不局限于本家族内，成为当时争相学习的典范。以梁启超为例，他子女很多，但个个有出息。就其教育理念来看，他很少通过打骂来教育子女，而是将家规融于书信中，让子女领悟。据统计，梁启超一生的著作中，有十分之一是写给子女们的书信，这些书信主要起到家教的作用，要求子女克己求仁、勤俭寡欲、吃苦耐劳，而他的九个子女都谨记父训，各自成就了自己的功名事业。不难看出，中国传统家训家规在维护家庭和谐和家族秩序上起到了不可代替的作用，有效地帮助子孙后代树立了正确价值观、培养了良好的道德情操、造就了美好的人格，成为传统道德与时代价值结合的典范，保证了中华道德文化的赓续。现代家庭可以结合自己家庭的特色，以家庭教育为契机，转变家庭中的一些不良作风，提高家风建设的效能，从而建构现代家庭文明。

在中国传统文化中，家和国从来都是一体的，爱家必先爱国，无国何以有家。比如西平陈氏家谱的家训里，有“举才立德，敬祖爱国”，魏氏家训里有“事父母，完国课”，“孝悌忠信”是项城孟氏族训的开篇第一句，“仕于朝也，为忠为良”则是陈氏家训的要求。习近平总书记谈到不少家庭以爱国为训为规，希望以此引导千万家庭从中学习，将爱国主义教育融入家庭建设中，如岳飞的“精忠报国”。当时南宋王朝偏安一隅，不思进取，不少有识之士主张收复失去的河山，《宋史·岳飞传》记载“有‘尽忠报国’四大字，深入肤理”，讲的是岳母为了让岳飞奋勇杀敌，将“尽忠报国”四个大字刺到了他的背上。从此，“尽忠报国”四字便融入岳飞的灵魂，成为他终生行动的指南，可以说这四个字就是岳母留给岳飞的家训，后来也成为岳家世代相传的家训。经过朝代更替，“尽忠报国”就逐步被传为了“精忠报国”，一直流传于今。何谓“精忠报国”？古人讲尽国为忠，奉家为孝，它形容的是一种崇高的爱国理想，报效祖国，为国捐躯是牺牲一切的伟大气概。《习近平总书记的文学情缘》一文记录了“精忠报国”精神与习近平总书记的不解之缘。文中讲到：习近平总书记五六岁时候，母亲带他去买小人书，途经一家新华书店，看到了《岳飞传》，一套有很多本，书买回来之后，母亲就给他讲岳母刺字、精忠报国的故事。习近平总书记坦言：“精忠报国”这几个字就是从那个时候铭记在心的。可见“精忠报国”四字不仅是岳飞的家训，更成为后世宝贵的精神食粮。

“精忠报国”从来不是一个口号，它更是一种理想情怀和国家使命，源于一种责任感和使命感。在中华民族近代屈辱的历史中，反抗外来侵略的一直是民族首先要做的大事，抗日战争时期，《满江红》被谱成曲在祖国的大江南北传唱，激励起无数中华儿女走上战场，奔赴抗日前线，为中华民族在最危难的关头提供了精神动力。“最后一尺布拿去做军装、最后一碗米送给做军粮、最后一个娃送他上战场”是这场全民动员的战争最好的证明。抗日战争胜利既是全体中华儿女勠力同心的结果，也是以爱国主义为核心的民族精神激励的结果。在改革开放的今天，涌现出了无数像黄大年一样的爱国者，让爱国变得更接地气，更加地激励人心。“振兴中华，乃我辈之责”是黄大年时常挂在嘴边的一句话，黄大年曾说过《我爱你，中国》是自己最喜爱的歌曲，每听一次都让他潸然泪下。面对高薪豪宅不为所动，变卖家产毅然回国，为的是把自己的聪明才智奉献祖国。科学没有国界，但科学家有国籍。黄大年矢志报国，带领科研团队攻坚克难，勇攀科学高峰，把学术理想和国家使命结合起来，把论文写在祖国的大地上，为国防安全和深地探测作出了杰出贡献，用生命践行了“只要祖国需要，我必全力以赴”的壮美誓言。

家庭建设搞得好，往往个人的发展就会好。传统家训家规突出了仁义礼智信等传统价值观，对今天仍具有重要意义，这些传统价值在中国历史上曾发挥巨大作用，其中部分思想和内容可以直接运用于新时代，如己所不欲、勿施于人的换位思考思想，休养生息、以民为本的民本思想等。由于传统家训家规具有地域和时代差异性，我们要积极挖掘和宣传不同地区的优秀家训家规，坚持共性与个性的统一，在共性研究中彰显个性；坚持形式与内容的统一，倡导多元融合；坚持创新与继承的统一，在扬弃的基础上实现创造性转化和创新性发展，只有这样，优秀的传统文化才能真正通过家训家规在新时代为社会服务，为中华民族伟大复兴服务。

第三节 “凌寒独自开，为有暗香来”的革命家风思想

一、教子严，律己严，持家严

习近平总书记强调：“我们党是一个具有长期奋斗历史和优良革命传统的党，也是一个紧跟时代步伐、善于与时俱进的党。党的建设必须坚持继承和创新相结合，结合时代条件发扬党的光荣传统和优良作风。老一辈革命家和老一代共产党人在延安时期留下的优良传统和作风，培育形成的延安精神，是我们党的宝贵精神财富。今天，全面从严治党要继续从延安精神中汲取力量。要把抓理想信念贯穿始终，提高辩证思维、系统思维能力，保持党同人民群众的血肉联系，始终为党和人民事业艰苦奋斗、不懈奋斗。”① 作为党和国家伟大领袖的毛泽东，用实际行动谱写了家庭文明建设中浓墨重彩的一笔。在革命战争年代，受条件限制，

① 霍小光. 习近平春节前夕赴陕西看望慰问广大干部群众［EB/OL］. http://cpc.people.com.cn/n/2015/0217/c64094-26578449.html

毛泽东很难和两个儿子团聚，但他依然没有放下作为“父亲”应尽的教育义务，通过书信来完成对儿子们的教导。1941 年，毛泽东致信给远在苏联的岸英和岸青，对他们未来的学习、生活和个人发展提出了自己的看法，希望能给他们以参考。毛泽东十分看重子女的性格养成，特别不希望他们因为一点成绩得到别人的赞扬就骄傲自满，一定要戒骄戒躁，特地提醒他们：别人的鼓励和肯定是希望他们上进，切不可得意忘形，在学习和工作中脚踏实地，既保持进步又不骄傲自满。在信中，他经常提醒孩子们不要因为领导人子女的关系就放松要求，前程好坏要自己去争取。毛泽东与子女的平等沟通，书写了现代教育的佳话。1947 年 10 月 8 日，他在致毛岸英的信中谈到学习和做事要有恒心和热情，抛掉虚荣心和个人主义思想。毛岸英把父亲的话语作为座右铭抄录在笔记本上，终其短暂的一生都没有辜负父亲的嘱托。毛泽东对子女的教诲没有批评和指责，而是像朋友一样拉家常，平等相待探讨做人、做事的道理。在他给子女的 28 封家书中，字字珠玑，饱含深情又不乏厚爱。

中国共产党自成立以来，经过二十八年浴血奋战，最终带领人民站了起来。在为迎接全国解放而做准备的七届二中全会上，毛泽东同志告诫全党同志要时刻保持清醒，务必戒骄戒躁，不要被胜利冲昏了头脑，始终做到两个务必，即：务必继续保持谦虚谨慎、不骄不躁的作风，务必使同志们继续地保持艰苦奋斗的作风。他更是以身作则，列出了六项规矩严格执行，为党员干部树立了榜样。“教子严，律己严，持家严”是毛泽东家风的三个特征，他曾为自己定下了恋亲不为亲徇私，念旧不为旧谋利，济亲不为亲撑腰的三原则。他一直要求要坚持原则，在子女教育、就学上不搞特殊化，必须靠自己去努力、去奋斗获得。他不仅这样说，而且这样做。当朝鲜战争爆发后，他将儿子毛岸英送上了朝鲜战场，最终白发人送黑发人。多年后好友周士钊问起此事缘由，他说道，如果他不派儿子去，儿子确实可能就不会牺牲。但一个国家领导人，一个党的主席，自己有儿子却藏起来，不派他去抗美援朝、保家卫国，又怎能指望老百姓派自己的儿子去呢？毛泽东对于夫人杨开慧的亲人一直抱有歉意，但当其哥哥杨开智要求来北京工作时，毛泽东却回信希望他一切按正常规矩办事，不要使政府为难，在湖南听候中共湖南省委分配工作。他一律拒绝上北京来要求一官半职的亲戚朋友，还百忙中写信要求湖南地方对于老家出了问题的亲戚，不应因为他的面子不批评亲戚们的缺点错误。

二、做普通百姓

周恩来总理的家庭教育同样值得我们学习。新中国成立之初，不少同乡故旧给他写信，希望能在北京的新政府里谋得一官半职。周恩来总理极力反对这种旧社会的裙带关系，不允许把这种任人唯亲的腐朽作风带到新社会，为此，他定下了著名的“十条家规”：晚辈不能丢下工作专程进京看望他，只能在出差路过时才可以去看看；外地亲属进京看望他，一律住国务院招待所，住宿费由他支付；一律到国务院机关食堂排队就餐，有工作的自付伙食费，没工作的由他代付；看戏以家属身份购票入场，不得享用招待券；不许请客送礼；不许动用公车；凡个人生活中自己能做的事，不要别人代劳，自我服务；生活要艰苦朴素；在任何场合都不能说出与他的关系，不要炫耀自己；不谋私利，不搞特殊化①，并召集亲友一起学习。对于亲自抚养的侄儿周尔辉，周恩来也从来没有利用过手中职权为其谋得一点利益。按规定，北京的干部子弟可以上专门的子弟学校，但周恩来硬是让侄子到普通的二十六中学习，特意嘱咐他在与同学交往或者与领导谈话、填写相关表格时千万不要透露出干部亲属这层关系。周总理的侄女周秉德这样评价周家的家庭教育：伯父总是教导他们一步一个脚印踏踏实实做人，不搞特殊化，要和全国老百姓一样过简朴的生活。他们也就是这样走过来的，在周家的兄妹中，都是平头老百姓。

周恩来的家风从他所订立的“十条规矩”中可见是相当的严格，但是严中有爱。周恩来自己没有子女，他将侄儿侄女视如己出，教育他们不要因为是干部家庭出身就骄横跋扈，要去做一个普通人。1953 年周尔均在部队被批准入党，立即把这个好消息写信报告给周恩来和邓颖超。邓颖超代表周恩来回信向他提出了

---

① 廖心文. 周恩来同志的家风［N］. http://www.wenming.cn/ll_pd/kxjy/201702/t20170202_4035041.shtml

三个必须，对他严格要求，周尔均后来回忆说，伯父对他的要求看似无情，实则是一种关爱，对后辈严格要求就是为了让他们自立自强，做一个平凡的普通人。不仅如此周恩来还时刻要求家中晚辈心中有国家和人民，他曾亲自就是否参军问题做过侄儿侄女的工作，“对侄儿周秉钧，周恩来希望他穿上军装；对侄女周秉建，周恩来则要求她脱下军装。这一穿一脱，体现着周恩来将小家与大家紧密相连的无上情怀。”①

三、勤俭持家，家国情怀

“对我们来讲，每到井冈山、延安、西柏坡等革命圣地，都是一种精神上、思想上的洗礼。每来一次，都能受到一次党的性质和宗旨的生动教育，就更加坚定了我们的公仆意识和为民情怀。历史是最好的教科书。对我们共产党人来说，中国革命历史是最好的营养剂。多重温这些伟大历史，心中就会增加很多正能量。”② 习近平总书记的父亲习仲勋平时不喜奢华，衣服穿着十分简朴，时常补了又补。妻子齐心担心这样会影响工作，提出换一件看上去体面些的衣服，而他却认为衣服能穿成这样，才叫舒服，一点没有国家领导人的架子。他把这种简朴的作风延续到子女教育上，衣服都是小的捡大的穿，有一次习仲勋用墨水把孩子的鞋染黑，就是为了让习近平穿姐姐的花鞋子。国务院机关举办活动时都知道习副总理家的子女穿着总是最朴素的，习家的俭朴也就这样出了名。据习近平母亲齐心在回忆文章《我与习仲勋风雨相伴的55年》中讲述过这样一个细节，“1947年，中国人民解放军西北野战军接连取得了‘三战三捷’的胜利，组织上为了能让她和习仲勋见个面，让她随慰问团去安塞参加祝捷大会。当习仲勋见到她时，不仅没高兴反而非常生气，当着众人严厉地批评她说：‘这么艰苦，你来干什么！’齐心表示为之一怔，但马上意识到自己实在不应该来这里，影响太不好了。随后，习仲勋还对她说：‘如果战争持续十年，我宁可十年不见你。’此时，齐心内心没有半点埋怨，心悦诚服地接受了习仲勋的批评，而且暗暗为他伟丈夫的气

① 廖心文．周恩来同志的家风［N］．http://www.wenming.cn/ll_pd/kxjy/201702/t20170202_4035041.shtml

② 摘自习近平总书记在河北省平山县西柏坡考察调研时重要讲话新闻稿（2013年7月11日）

概而自豪。”[1]

习仲勋从小对子女疼爱有加，但从不溺爱骄纵，更是以严格著称。习仲勋的长子习富平，是中科大高才生，毕业后服从分配到陕西户县山沟里落户。后来解放军后勤学院重新恢复后，因其专业对口组织意欲调其回北京，却被习仲勋亲自出面阻止了，被撤回了调令。因为在习仲勋的观念里，干部子弟在艰苦地方工作带头是应该的。而同样作为女儿的习乾平想去光大公司工作。习仲勋闻知后，认为光大公司名气太大，众目睽睽地让干部子女去工作影响很不好，当面谢绝了王光英的好意，可以看出，习仲勋的家风相当严格，甚至到了严苛的地步。后来他告诉了女儿这件事，女儿委屈地认为到光大去可以发挥自己的外语特长，岂不正好为祖国的改革开放做点事情，不应该拒绝。对此习仲勋严肃地对她说，就怕你没有本事，只要有才能，无论在哪里都能发挥作用。作为习仲勋的女儿，只能“夹着尾巴做人”。习近平的弟弟习远平年幼时也曾发生过这样一个故事：为了逃学就跑到院子中去淋雨，被习仲勋看穿了他装病的心思，对他的逃学花招丝毫不迁就，进行了严厉的批评。2003 年，时任浙江省委书记的习近平接受中央电视台《东方时空》采访，谈到父亲习仲勋对他的影响，他说自己上学住校，只有逢年过节才有机会回家，回家的第一件事就是接受父亲的训话，要求他们知道革命的艰辛，今后一定不能忘本。对于父亲的谆谆教训，习近平坦言都听过无数遍了，有时也表现出不耐烦，但是也不敢不听，或许就在那个时候，革命教育这些东西就这样潜移默化地影响了他，教育了他。习仲勋和齐心经常鼓励儿女将读书和学习中所得用到为人民服务中去，并进行总结和提高。曾有一次，齐心对儿女们说，凡事要以工作为重，不能因家中小事影响工作，习仲勋听到后强调说，无论大事小事都不能影响工作。习家对子女要求的严格可见一斑，随时提醒着子女们注意保持革命传统。

习仲勋是个讲原则的人，做起事来，公私分明，也绝不容许假公济私，连他的妻子齐心也没有从其职务上受过半点恩惠。据齐心回忆，新婚宴尔时，他就认真地说：“从此以后，我们就休戚相关了。只是因为我不愿意陷在小圈子里，所

① 齐心．习近平“家风”揭秘，齐心自述与习仲勋婚姻往事【2】［N］．http://history.people.com.cn/n/2014/0212/c363490-24338497-2.html

以今后，可能很多方面没有办法去照顾你了。”① 习仲勋用正气树立了“丈夫”在家庭中的形象，对家庭的建设起到了模范带头作用。此时齐心又进入马列学院（今中央党校）学习，后留校任教，每周只能回家一次。为了能让妻子安心工作，习仲勋有空就担负起照顾孩子的重任，不仅与孩子一起玩闹，更对其严格管教，他常用“谁知盘中餐，粒粒皆辛苦”的名句来教导孩子们要珍惜粮食；在穿衣方面，也是事事简朴，充分发挥艰苦朴素的优良作风，在对子女的教育上更是如此。据习近平同志回忆道：在儿时，他们所穿的衣服都是补丁摞补丁，因为自己上面有四个姐姐一个哥哥，所以，衣服都是从大到小轮着穿，由于姐姐的衣服和鞋子都是花的，习近平虽然不愿意捡着穿，但也不得不穿。每次逢年过节去人民大会堂或者天安门，工作人员看到他们，都会好奇这是谁家的孩子，穿着如此破衣烂衫，只要是熟悉的人，都知道是习家的；2003 年，时任浙江省委书记的习近平在接受中央电视台《东方时空》栏目的采访中回忆道，父亲对子女的教育是颇为严厉的，在上学时，每当下学，兄弟姐妹要站在墙根处，接受父亲的训诫，训诫的内容，也是父亲从自身的事情和经历出发，讲述革命时期的故事，并要求自己的子女以后也要进行革命。虽然革命这个词已经无数遍回响在习近平的耳边，但是年龄尚幼的习近平并不知道革命是何事，每每父亲关于革命思想的教诲，则是习近平革命教育的启蒙。在平时的生活中，也是公事公办，从来不搞特殊化；在工作中，时刻叮嘱子女以国事和工作为重。习仲勋用自己的语言和行动营造了良好的家庭氛围，这种氛围也影响了子女的品格和行为，使得习家兄弟姐妹从小养成了勤俭朴实的好习惯。有一次，习仲勋对习近平告诫说：“近平，不管你当多大的官，不要忘记勤勤恳恳为人民服务，真真切切为百姓着想，要联系群众，要平易近人，对干部有毛病有错误，要先跟他打招呼让他改，要是他还是不改那就是另外一回事了。批评教育要从严，但要给人出路。”② 习家的俭朴作风在习家子女长大成人后，不仅没被丢弃，还成为他人学习的榜样。

---

① 齐心．习近平“家风”揭秘，齐心自述与习仲勋婚姻往事【2】［N］．http://history.people.com.cn/n/2014/0212/c363490-24338497-2.html

② 郑书．习仲勋教育子女：不管多大的官不要忘为人民服务［N］．http://www.china.com.cn/news/2016-06/20/content_38700721.htm

四、知足常乐，淡泊名利

说到家训家风，习近平总书记强调向时代模范学习。焦裕禄一生没有干出什么惊天动地的大事，而是在本职岗位上尽职尽责从而被世人所熟知。1962 年 12 月至 1964 年间，他曾任河南兰考县委书记，带领全县干部和群众与严重的内涝、风沙、盐碱三害进行了顽强的斗争，努力改变了兰考的面貌。面对自己的肝癌病情，他依旧忍着剧痛坚持工作，用自己的实际行动，铸就了“亲民爱民、艰苦奋斗、科学求实、迎难而上、无私奉献”的“焦裕禄精神”。对工作认真负责，对家人要求严格，对同志耐心帮助。

首先，他要求子女自己的事情自己做，一定要身体力行，不能坐享其成。焦裕禄时常带领子女参加各式各样的劳动，不仅在房前屋后组织子女种瓜种豆，还引导子女参与小秋收和拾麦穗。在那个吃不上肉的年代，他通过让子女养小兔子这件小事，让子女们一方面培养爱心和习性，给生活增添乐趣；另一方面，从中体会究竟什么是劳动。其次，他要求子女不要和别人比吃比穿，要从小养成艰苦朴素的品质，只能在学习上比进步。焦裕禄的女儿焦守云女士回忆了这么一个细节，他们姊妹几个，从来没有自己单独的衣服，都是大的留着给小的穿，小的留着给更小的穿，直到再也不能穿。连上天安门城楼，毛主席接见时穿的衣服袖子都还是补丁摞补丁，当同学们常以此笑话焦家姐妹时，焦裕禄总会语重心长地要求子女跟别人比吃比穿没有用，要比就比谁的学习好。他平时对子女要求很严，笔记本要更换，一定要正面、反面都写满了直到再也没有地方写了。子女用的铅笔，一直要用到手捏不住了，还会套上铁皮小圆筒继续用，直到实在不能用。再次，他要求领导干部以身作则，不能在生活上让家属子女搞特殊化。20 世纪 60 年代初，国家粮食供应很紧缺，不少人的生活过得青黄不接、难以为继，焦裕禄家也不例外。焦家的人口本来就比较多的，再加上这样的年景，为解决吃饭问题，焦家的午饭只能用一锅白面条配窝窝头或红薯。然而突然有一天，妻子给焦裕禄端来了一碗居然还拌了点儿红糖的大米饭，让焦裕禄马上产生了疑虑。当他后来了解到这是从县委办公室那得到的特别照顾时，焦裕禄的心里很是不安，让妻子以后不能再吃，把米饭象征性地给每个孩子的碗里拨了一点，将剩下的送给了当时研究泡桐的两个南方大学生。这样的故事在兰考不知还发生了多少。焦裕禄到兰考工作不久，儿子焦国庆非常喜欢看戏，当时的剧院检票员得知焦国庆是县委书记的儿子时就放他白看了一场戏。这本来是件小事，但在焦裕禄眼中却成了大事，他十分生气而又语重心长告诫儿子，父亲做县委书记是为人民服务的，不能拿这官职当票使了，任何人包括他自己都没有这个资格白看戏，第二天焦裕禄主动补上了两毛票钱，带着儿子去剧场认了错。当侄子找到他希望分配工作时，焦裕禄也是好言相劝，最后送侄子回了老家，自觉地把权力关到笼子里。此外焦裕禄还在兰考制定了《干部十不准》，对领导干部特权思想进行了批评和约束，带头匡正家风和社风。

谷文昌的一生是革命的一生，也是奉献的一生。年轻时，他加入解放大军，随军南下积极参与了福建的解放。新中国成立后，他被留在福建东山工作。作为南下干部，他身上体现了革命战争年代的优秀品质。在 20 世纪 50 年代，东山县环境十分恶劣，谷文昌作为东山县委书记没有因困难而屈服，他带领东山人民战风沙、筑堤坝、修水渠、绿海岛，勇于挑战自然，没有辜负人民群众摆脱贫困的热切期盼。在经济上，他大力发展种植业、捕捞业、养殖业；在文化上，他抓教育、扫文盲；他凭着一股实事求是，不畏艰苦的狠劲，苦干 14 年终于把东山这一个荒岛变成了宝岛。谷文昌用自己的言行兑现了对老百姓的承诺，金杯银杯不如老百姓的口碑，他用实际行动赢得了老百姓爱戴。2009 年，谷文昌成功当选“100 位新中国成立以来感动中国人物”。习近平总书记多次在不同场合对其伟大的精神进行褒扬。2005 年，时任浙江省委书记的习近平就撰文《“潜绩”与“显绩”》称颂谷文昌在任时不追求轰轰烈烈的显绩，而是默默无闻地奉献。2015 年 1 月，习近平总书记在与全国 200 多位县委书记座谈时，叮嘱各位县委书记要做好榜样，向谷文昌、焦裕禄这些先进学习，做“四有”的好干部。谷文昌作为新中国最早的基层领导干部之一，用自己的一生践行了自己对党对人民的忠诚，给无数领导干部树立了榜样，确立了标准。谷家又以清白持家、简朴本分、为民奉献的家风在干部群众中广为传颂。谷文昌对自己家人的要求近乎严苛，子女 5 个不仅在生活上没有得到任何特殊照顾，在工作上也不徇私情，不搞特殊化。谷文昌的小儿子谷豫东 1976 年高中毕业，想到工厂做一名工人。这样简单合理的要求，在时任地区革委会副主任又已年过花甲的谷文昌看来是违背了党的原则，他对儿子进行了劝诫，最后劝他下乡接受贫下中农再教育。正是谷文昌的“不近人情”甚至“绝情”，才让“清白持家”的家风更显得难能可贵。谷文昌“简朴本分”的好家风在子女身上也能看到一二。谷文昌的大女儿谷哲慧被曾经的同事、东山县铜陵镇的陈炳文老人这样回忆起：能吃苦、穿着很朴实、裤子都打着补丁，人说话轻言细语、很老实，下乡睡地铺，一丁点儿千金小姐的脾气都没有。就是这样的谷哲慧在工作中本本分分、兢兢业业，不走裙带关系，用了15年才从临时工转正。反观十八大以来因贪污腐化而落马的领导干部在对于子女的要求上几乎是有求必应，钻营照顾，甚至对七大姑八大姨也是关怀有加，俨然“一人得道，鸡犬升天”，两相对照，高下自分，让谷家“简朴本分”的家风在新时代显得格外的弥足珍贵。

对自己、对家人、对自己的“小家”谷文昌是苛刻严厉的，甚至是“不合格”的，但对于广大的人民群众，他却是想人之所想，急人之所急，心里记着的是大家的困难，心上放着的是别人的苦处，永远在别人面前都是一副热心肠。在子女的记忆中，每周都几乎很难见到父亲。女儿谷哲芬曾回忆起父亲道：常常是早出晚归，早上起床时就已经不在家了，晚上睡觉时也不见回来，有时甚至不回家在乡下一连待上好几天。儿子谷豫东也回忆道：父亲有时好不容易在家，仍然要不时接待找上门来反映困难的群众，还经常留困难群众吃饭，对此他从没半句怨言。群众来了家里就没有多余口粮，因此大家就得饿肚子，过着“忍饥挨饿”的生活。受谷文昌影响，他的子女从来都是真诚待人、生活简朴、吃苦耐劳，把自己看作数以万计劳苦大众中的一员，过着平淡而平凡的生活。更让人感动的是在谷文昌去世后，他的爱人史英萍一方面秉承谷家家风过着朴素清贫的生活，一方面却从微薄的退休金中凑出了两万元资助特困大学生，共有18人因此而受益。这样的义举是真正地把“为民奉献”做到了实处。谷文昌用一生铸就的家风，表现了共产党员坚定的理想信念、无私的公仆情怀、敢于担当的责任意识和清正廉洁的从政品格，值得代代相传。

曾任云南省保山地委书记的杨善洲被誉为“活着的孔繁森”，他用自己的一生诠释了什么是共产党人的不改初心。1988年6月，退休后的杨善洲放弃进省城安享晚年的机会，决心为家乡做点事，带领当地老百姓一头扎进大亮山，义务植树造林，经过多年苦心经营，把几万亩的荒山变成绿水青山。面对巨大的利益，杨善洲表现出共产党员的无私与伟大，2009 年将大亮山林场经营管理权无偿捐赠给了国家，受到了来自社会各界极大的赞誉。2011 年，中央发出向杨善洲同志学习的指示，时任国家副主席的习近平在杨善洲精神报告会上做了重要讲话，要求各级干部要像杨善洲那样以正确的世界观立身，以正确的权力观用权，以正确的事业观干事，以正确的群众观做人。2018 年 12 月 18 日，杨善洲被党中央、国务院授予改革先锋称号，颁授改革先锋奖章。杨善洲也是用这种家风教育子女的，杨善洲的女儿杨惠兰女士将父亲留下来的家风概括为了以下几个层面：对待事业，艰苦奋斗；对待权力，大公无私；对待家庭，廉洁持家。

老一辈无产阶级革命家庭建设经验值得我们借鉴学习，对当今社会建设也具有借鉴意义。家庭建设要与国家建设、社会建设结合在一起，要与国家正在做事的事情结合在一起，把家庭梦融入民族梦之中。只有实现了中华民族的伟大复兴，我们每一个人的家庭梦才能实现。千家万户好，国家才能好，民族才能好。所以，对千万家庭来说，要自觉把爱国与爱家紧密结合起来，把个人梦想、家庭梦想融入国家梦想中。实践表明，十三亿多中国人民、四亿多家庭要合力实现中华民族伟大复兴的中国梦，就需要每个家庭承担起“帮助孩子扣好人生的第一粒扣子，迈好人生的第一个台阶”的历史重担 。

第五章　子爱利亲
——“老吾老以及人之老”的社会和合思想

第一节　“谁言寸草心，报得三春晖”的敬老爱亲思想

一、子爱利亲谓之孝

在中国传统文化中，孝被称为百善之首，孝顺父母称之为孝子，摆在“忠”后面位列第二。在外侍君为忠，在家侍父母为孝，不能尽忠则要尽孝，不是所有的人都有机会尽忠，但尽孝则人皆可为。为子尽孝是本分，也是责任，除非在非常时期不能两全的情况下，把忠放在第一位。孝奠定了儒家仁义礼智信的价值基础，也是儒家仁政思想的前提，一个不孝之人是无法做到仁义礼智信的。从古至今，孝文化一直源远流长，今天我们要把孝文化传承下去，只有代代传承，才能接续发展。在当今的法治社会，孝不仅仅是责任还是义务，不孝顺父母甚至虐待父母都将受到法律制裁。孝不是让子女给父母提供锦衣玉食的生活，而是一种关心、一种爱护，只有在尽孝中，才能感知父母养育的不易，才知道肩上的担子有多重。唯有知孝尽孝了，才懂得了责任担当的重要，担当的宝贵，才可以修身、齐家、治国、平天下。今天宣传和提倡孝文化，通过道德模范的榜样作用，通过

一家之孝，就可能感化一个小区，从而带动一个社区，进而引领一个地区的社会风气。

习近平总书记在2015年春节团拜会上引用了孟郊的《游子吟》，申明了孝顺的重要意义。孝道是中国传统家文化的核心，古人讲不孝有三，无后为大，在古代有志之士眼里，孝和忠是并列的，在家为孝，出列为忠，都讲究尽职尽责。古人讲百善孝为先，不孝之人会遭到当时社会的唾弃。孝还是名声，可以给人带来社会地位，例如，在汉代，如果一个人以孝闻名，可以被推举去为官，这叫“举孝廉”，皇帝带头孝顺，这叫以孝治天下。古人对孝的解释是：“善事父母”，父母在，不远游，游必有方，意思是说父母年老了，就不去远方了，如果确实要去，一定要告诉家人自己去的具体地方，其中含着牵挂和不安。汉代贾谊在《新书·道术》说：“亲爱利子谓之慈，反慈为嚚；子爱利亲谓之孝，反孝为孽。”做父母的，对儿女要慈爱，不能暴戾；做子女的，对父母要孝敬，不孝顺父母叫孽子。可见父（母）慈与子孝是相互作用的，孟郊与他母亲的关系就是很好的例子。许慎在《说文解字》中说：“孝，善事父母者，从老省，从子，子承老也。”意思是你孝顺父母，等你老了后，子女也会仿效孝顺你，从中可以看出，孝是下对上，“孝”与“子”是并存的，可能由于重男轻女的观念，古代对女儿如何孝敬父母提的比较少，但在今天，子和女在法律地位上是平等的，都有孝敬父母的义务。所以“善事父母”既是子女的义务，也是一种善行和美德。古人讲母慈子孝：“慈母手中线，游子身上衣。临行密密缝，意恐迟迟归。谁言寸草心，报得三春晖。”（《游子吟》）这首古诗从母和子的角度完美地表达了对孝的理解。其实孟郊是有感而发的，孟郊作此诗时，已经50岁，到了知天命的年纪，他发出如此感慨，与其人生际遇有关。孟郊少年有诗才，但官场不得志，46岁才考中了进士，考中进士后，孟郊曾作诗表达了自己内心的喜悦：“春风得意马蹄疾，一日看尽长安花”，但在唐朝，考中进士并不意味着马上就可以当官，还要看有没有空缺的职位，有没有重要人物的推举。所以，孟郊在等了4年之后，也就是50岁时，才终于等来了一官半职，被任命为溧阳县尉。古人讲，50岁是知天命的年纪，尽管不尽如人意，但毕竟有了一个安身立命的职位，有了可以养家糊口的官俸，这在孟郊看来终于可以有能力来侍奉父母了。所以孟郊一到溧阳，就立刻赶回了老家，将老母亲接来奉养。在经历了与母亲漫长的分离之后，有感而发，才铸就了如此经典。这种喜悦，既有欢欣，也有对母子长期分离后的告慰，为了自己的儿子能成就功名，孟母在背后默默支持，每次远足，孟母都把自己的担心和牵挂缝进衣物里，让儿子带在身边，正是无数次别离后的团聚，才感亲情的可贵。

孝是一种行为，不能口惠而实不至。习近平总书记非常重视家庭家风建设而且身体力行，他把对父母深深的爱融注在了日常生活里。对于父亲习仲勋，习近平总书记在多个场合高度评价其对自己一生的影响；对于年过九旬的母亲，习近平总书记只要一有时间就会陪母亲吃饭，陪母亲散步聊天。我们可以通过几个普通的物件来感受习近平总书记是如何践行孝道的。第一件物品，一个针线包。慈母手中线，在那个物质非常贫乏的年代，年轻的习近平来到陕北插队的时候，是个 16 岁的少年，远离父母到艰苦的地方锻炼，儿行千里母担忧，做母亲的能够不惦念牵挂吗？为了排解这种牵挂思绪，母亲为习近平缝制了一个针线包，包上缝着“娘的心”几个字，希望自己不在身边的时候他自己缝补衣物，母亲把对习近平的关心浓缩在小小的针线包里。七年的知青岁月，“娘的心”伴随着年轻的习近平度过了无数个日日夜夜，陪他在那个艰苦时期渡过了一个又一个的难关。七年的知青岁月，锻炼了习近平总书记的耐力和毅力，他在那片黄土地上挥洒青春和汗水，砥砺奋进，这也成了其年轻时难忘的回忆。年轻的习近平把对父母的爱化作对社会的无私奉献，这种回报变成为老百姓办好事，办实事的行动。第二个物件，一张照片，题目叫《习近平和母亲》，是习近平总书记牵着母亲的手在公园散步的照片，这张温馨的照片在 2018 年 5 月一经发出就刷屏无数，迅速占据各种网络媒体的头条，短短的 24 小时内，阅读量就超过了 10 亿人次。这张照片之所以触动了无数网友的心，获得无数关注和点赞，正是因为习近平总书记对母亲的这份孝心打动了大家。当父母老去时，常陪他们散散步、聊聊天，这也是一种孝，也是对母爱最质朴、最真挚的回报，有一首歌叫《常回家看看》，表达的就是这种情感。看到这张平常而又温馨的照片，我们能想起什么？是否想起远在家乡的父母，是否应该拿起手机打个电话问候一下？孝敬父母绝不仅仅是物质上的满足，更重要的是精神上的慰藉、情感上的体贴、心灵上的关怀、人格上的尊重。

二、老吾老以及人之老

我国已经进入老龄化社会，敬老爱亲不仅仅是个人的家庭问题，更是社会问题，提倡敬老爱亲的社会环境，目的是解决家庭的后顾之忧，只有知道自己的后半生衣食无忧了，才可能在当前的工作中尽职尽责，为国家尽忠，在家尽孝。孝顺、孝心、孝行是儿女回馈给父母最真挚的爱，父母养我们小，我们养父母老，这是天下最真挚的爱的传递，没有关爱的社会是缺乏温情的社会，也是冰冷的社会。《常回家看看》这首歌，道出了父母对儿女的情感期盼，也道出了今天流动社会子女的生存状况。虽然工作压力大，但不管工作有多忙，也不管路有多远，都不应该成为不孝顺老人的借口。党的十九大报告大力倡导敬老、爱老的社会风气，激励人们崇德向上。孝老爱亲，把爱家与爱党、爱国、爱社会主义结合起来，这是孝文化在当今时代的创造性转化。“老吾老以及人之老”，它要求我们不但要爱自己家的老人还要爱别人家的老人，推而广之就是要在全社会尊老、爱老、敬老，特别是今天进入老龄化时代，尊老、爱老、敬老显得更为迫切。“中华民族自古以来就重视家庭、重视亲情。家和万事兴、天伦之乐、尊老爱幼、贤妻良母、相夫教子、勤俭持家等，都体现了中国人的这种观念。‘慈母手中线，游子身上衣。临行密密缝，意恐迟迟归。谁言寸草心，报得三春晖。’唐代诗人孟郊的这首《游子吟》，生动表达了中国人深厚的家庭情结。”①

中华民族自古以来就有孝老爱亲、尊老爱幼的传统美德，并且把这种美德用

---

① 《平“语”近人——习近平总书记用典》解说词（第五集）报得三春晖［EB/OL］. http://www.xinhuanet.com/politics/2018-10/13/c_1123554642.htm

文字的形式传承下来。《游子吟》没有华丽的辞藻，而是用平实的语言再现了当时孟母送别儿子的场景，朴素中体现了平凡而伟大的爱，饱含着无限牵挂。所谓在家千日好，出外一日难，父母怕儿女在外面吃不饱穿不暖，儿行千里母担忧，沉甸甸的母爱被缝在绵密的针脚里。儿女长大了应该知恩图报，羊有跪乳之恩，鸦有反哺之义，母亲缝的不是线，而是绵长的牵挂。习近平总书记多次强调要认真研究并吸取中华传统家孝文化思想精华，结合时代条件对其进行重新定位，思考、挖掘它的现代意义并对它进行创造性转化和创新性发展，使传统文化在今天发扬光大，并使之上升到国家治理层面，为今天的社会建设服务，这与习近平总书记提出的重视家庭家风建设理念是一致的。《礼记·礼运》中提到的“鳏寡孤独废疾者皆有所养”就是从国家治理层面来思考孝的问题，不仅要自己好，还要别人好、社会好、国家好，当然，由于生产力的原因，这种愿望在古代只能停留在理想层面。今天，我们处在中华民族伟大复兴的新时代，中华民族迎来了从站起来、富起来到强起来的伟大飞跃，综合国力显著增强，我们有能力把尊老、养老、敬老、爱老落到实处，在全社会形成敬老孝老的风气，真正做到老有所养、病有所医、幼有所教、壮有所为，把“老吾老以及人之老”提升到为人民服务的社会管理层面，纳入民生体系中，使“孝”成为日用而不觉的家庭教育思想。提倡大孝、大爱，奉献爱心，同时把实践中提炼出来的具有新时代内涵的孝文化元素注入青少年思想道德教育中，为新时代孝文化注入新鲜的活力，开辟现代孝文化的新境界、新视野。

在新时代，推动以“家庭”为核心的社会主义孝文化建设意义深远。今天的父母虽然不用帮远行的游子缝衣服了，但是临走时塞得满满的行李箱以及关切唠叨的话，仍然寸寸真心，那种最真挚的爱始终是没有变的。比如春节结束，很多子女要外出打工，父母总要把后备厢装得满满的，在外打工的年轻人都冷不到、饿不着，但父母的担心牵挂一直都在。无论走多远，离开家多久，家永远是最近的地方。我们经常讲妈在家就在，今天通信和交通都很发达，在工作之余要常回家看看，如果没有时间回家，要经常打电话问候。只要一想起远方的父母，想起远方的家，我们都会有一种责任感，有安心、踏实的感觉。今天，我们生活在一个流动的世界里，人可以四海为家，可以博取功名，也可以选择你想要的生活、想去的城市，甚至可以挣脱父母的“羁绊”，但是不能缺少温情和亲情，它是一种最基本的情感，值得我们去构筑和经营，也值得我们去回味。对于年少者来说，年少不识愁滋味，可能追梦更甚于筑梦，刘德华有一句歌词：“曾经年少爱追梦，一心只想往前飞。”在你追梦的过程中，在你往前飞的过程中，当你蓦然回首时，你会发现曾经为我们默默遮风挡雨的父母已经慢慢老了，已经头发斑白。当你认识到的时候，当你功成名就的时候，当你想表达孝心的时候，父母可能不在了。此外，当父母老了，得了老年病，侍奉父母更难能可贵，因为当父母年老的时候，可能行动迟缓或智力迟钝，特别是生活不能自理时，需要儿女的照顾，有些子女就表现出不耐烦的情绪甚至虐待老人，给父母脸色看。对年老的父母需要耐心，需要给予宽容和理解，因为人都有老的那一天，善待、宽容也是一种孝。

一时半刻给父母好脸色并不难，难的是长久如此，事事如此，尤其是老人久病卧床需要照顾的时候，孝的大义就会体现出来。古人讲久病床前无孝子，这里是说孝之难也。古人讲孝乃德之大义，是原始道德的源泉，父母养育我们是从呱呱坠地开始的，他们把我们视如掌上明珠，从上学、结婚、择业到生子，一直陪伴和呵护着我们，他们付出的心血是我们难以想象的，所以，我们要常思养育之恩，常报养育之情，孝老爱亲才不会为难。我国正处在社会转型阶段，传统价值观受到了诸多挑战，今天倡导敬老爱老，构建和谐社会，是新时代任务所决定的。每个人的家境不一样，但家是一样的，有一句俗话：“有钱没钱回家过年”，有家就有年味，就有陪伴和相守。从感情上来说，家是存放温情的地方，从每个人的人生经历来说，不管走多远，哪怕远涉重洋，不管官有多大，财有多巨，家都是离我们最近的地方。每年高考结束季，有些学子可能要负笈远行，第一次离开家，离开父母，到外地去求学。临行之前，父母精心为子女准备着行李，唯恐忘了这样，忘了那样，这与孟母的“临行密密缝，意恐迟迟归”意蕴是一样的。

望子成龙也好，望女成凤也好，行李箱里放着的是满满的爱，放着的是父母的担忧。家是享受亲情的地方，回到家以后，儿女做了多大的官取得多大的贡献并不重要，挣了多少钱也不重要，小康之家最重要的是亲其亲，子其子，陪伴是对父母最好的告白。在当今社会，物质享受不是最迫切的，很多父母有自己的退休金，有些农村父母满了六十岁后还可以继续劳作，最重要的是子女有没有“寸草心”去报答父母。孝顺既有天性的表达，也是人的社会习得，需要弘扬和倡导。孝敬父母，不仅仅是给钱给物就够了，更重要的是心灵的慰藉和情感上的陪伴。如果只满足父母物质上的需要，还给他们小时候给予我们的，那只是道义上的回馈，这与犬马没什么差别，不能说是孝的全部，只能是小孝。“大孝尊亲，其次弗辱，其下能养”（《礼记·祭义》），哪怕父母老了，爱唠叨了，都要尊敬他们，在遇到不顺心、不耐烦的时候不辱骂老人，最低的层次才是给父母养老，古人孝顺父母的方式可能与今天不同，内容也可能不同，但情感是一致的，那就是心怀敬畏，心存感恩。

第二节 “亲其亲，长其长”的手足情深思想

一、哀哀父母，生我劬劳

2016年12月12日，习近平总书记在会见第一届全国文明家庭代表时讲道：“尊老爱幼、妻贤夫安，母慈子孝、兄友弟恭，耕读传家、勤俭持家，知书达礼、遵纪守法，家和万事兴等中华民族传统家庭美德，铭记在中国人的心灵中，融入中国人的血脉中，是支撑中华民族生生不息、薪火相传的重要精神力量，是家庭文明建设的宝贵精神财富。”正所谓“天下之本在家”，孝敬父母、重视亲情，他有着深厚的家庭情结。党的十八大以来，习近平总书记多次谈到要“尊老敬老”“注重家庭、注重家教、注重家风”，并在生活中率先垂范。“人人亲其亲，长其

长，而天下平”（《孟子·离娄上》），这句话的意思是：只要人人都爱惜自己的亲人，都尊敬自己的长辈，那么天下就太平了。这说明早在春秋战国时期人们就已经意识到敬老爱老不仅仅是个人家庭的事情，它还事关社会的稳定，天下的太平，关系到子孙后代，社稷江山。推己及人，由小爱到大爱，由己爱到他爱，古人对尊老的认识是递进和深层次的，不光是局限于个人家庭，更是普及社会，是一种高尚博大的情怀。母慈子孝、兄友弟恭、尊老爱幼都是讲家庭和睦的，对传统家庭来讲，讲究家庭和睦，家和万事兴，这些观念深深铭刻在中国人的头脑中，融入他们的血液里，是维系家庭繁衍、家族和睦重要的精神力量，是当今家庭文明建设的宝贵的精神财富，我们应当继续发扬。尊老敬老始于原始社会，在当时生产力低下的条件下，为了提高氏族的人口数量，促进自身繁衍和氏族力量的壮大，对丧失劳动能力的老人都一样分配劳动果实，实行原始共产主义社会配给制，义务抚养，由此逐渐形成尊老敬老的传统朴素道德观念。

进入文明社会，敬老孝老变成社会责任，衍生出法律条文、制度保障，从道德风俗等方面去约束人的行为，重点在如何去实现它。第一，善待自己的父母、爷爷奶奶、外公外婆，小时候我们都是他们一手带大的，他们是我们的至亲，和我们有直接的血缘关系，有赡养的法律义务，不能逃避。第二，与我们没有直接关系，但我们日常生活中能够给予帮助的老人，如街坊邻居、同一个社区需要帮助的孤寡、残疾老人，这类老人也是我们能力范围内能给予帮助的。第三，就是与我们生活圈没有直接交集的陌生人，如公共场合偶遇的需要帮助的老人，在公交车、地铁里面遇到的需要让座的老人，在外面遇到的发生困难需要救助的老人，包括生活在敬老院的老人，我们可以对他们进行定期或者不定期的志愿帮助，这种帮助可大可小，可以是物质上的捐赠，也可以是精神上的安慰。如果人人都献出一点爱，世界将变成美好的人间，如果我们对待身边的每一个老人都能“泛爱众而亲仁”，都能够像对待自己的亲人那样“亲其亲，长其长”，那我们的社会一定是充满爱的大家庭。

关于敬老爱老的典范，三国时有一个人叫李密，原在蜀汉为官，蜀国灭亡后，西晋皇帝听说他有才名，想招他做太子洗马，面对难得的升迁机会，李密竟然拒绝了皇帝的征召，他写了一篇千古流芳的经典名篇《陈情表》来说明暂时不能应召的原因。原来他自幼丧父，母亲改嫁，年迈的祖母一手把他拉扯大并把他培养成才，李密被征时，他的祖母已经 96 岁了，像李密幼年一样，正是需要陪伴和照顾的时候。他在回答晋武帝的信中说，以后报答皇恩的日子还有很长，可是他侍奉祖母的日子不多了，希望自己在尽忠之前先尽孝，“是臣尽节于陛下之日长，报养刘之日短也。乌鸟私情，愿乞终养”（《陈情表》）。这发自肺腑的感言，最终感动了晋武帝，的确，要是没有祖母的养育之恩，就不可能有李密的今天，同样，要是没有李密的陪伴，他的祖母也没有办法安度晚年。晋武帝看到这篇文章之后，被他拳拳赤子之心所感动，不仅没有逼李密马上出山，还赐给他两名奴婢帮助他一起照顾年迈祖母，可见当时社会对孝的重视。他的祖母去世后，李密又为她守孝三年，最后才答应了皇帝的征召。李密的《陈情表》，成为后世敬老孝老孝道文化的传世名篇。①

二、父之美德，儿之遗产

在 2017 年 1 月 26 日的春节团拜会上，习近平总书记用三个“不要”来提醒大家：“不要在遥远的距离中割断了真情，不要在日常的忙碌中遗忘了真情，不要在日夜的拼搏中忽略了真情。”一首《常回家看看》牵动了亿万中国人的心，唱出了无数儿女心里最温暖的情怀。家庭不只是人们身体的住处，更是人们心灵的归宿。父母在家就在。2016 年 12 月，习近平总书记在会见第一届全国文明家庭代表时强调：“家风好，就能家道兴盛、和顺美满；家风差，难免殃及子孙、贻害社会。”无论在治世还是乱世，家都显得弥足珍贵，没有家，我们的个体和心灵都无处安放，孝也无法有效表达。孝是为人子应尽的义务，即使在乱世，也需要孝来匡扶正义。孝是人间最淳朴的美德，乱世中也不乏“老吾老以及人之

---

① 《平“语”近人——习近平总书记用典》解说词（第五集）报得三春晖［EB/OL］. http://www.xinhuanet.com/politics/2018-10/13/c_1123554642.htm

老”的义举，如安史之乱期间，杜甫流落成都，虽然住的是茅屋，但仍写出了“肯与邻翁相对饮，隔篱呼取尽余杯”的感慨，可见当时杜甫与老邻居相处融洽；“儿童相见不相识，笑问客从何处来”，既有乡愁也有童真，就像《孝经》所提到的“天地之性，人为贵；人之行，莫大于孝”，它表达了中华民族自古以来崇老、敬老的传统美德，直到今天，依然是我们宝贵的思想文化遗产。当然，尊老和爱幼是互补的，当下社会出现一些扶老人被讹的现象，其实这种现象背后有部分原因还是老人缺乏关爱，或者说老人缺乏子女的关爱，当老人得不到子女的关爱之后，这种怨恨会被迁移到社会、迁移到扶人者身上。对这个问题的思考还是要从家庭出发，是家庭细胞出了问题，或者在家庭教育上出了问题，或者说是儿女的孝心出了问题，把这个责任推给社会，这种家庭问题的根源在于父母没有从小教育好子女，出现不肖子孙现象。这样一种扭曲的社会现象，责任应该追加到他们儿女身上，要解决这样一种矛盾，首先要明确家庭的责任，因为一切道德也好，社会规范也好，都需要国家强制力来执行，需要法律来做后盾，这样才能倡导向善向好社会风气，让好人有好报，坏人早惩罚，让尊老爱老的美德充分地发挥它的引导作用，从而重构我们的社会道德体系、重塑社会风气。

有一句话叫大爱无疆，《习近平的七年知青岁月》中记载了这样一个故事：习近平同志在梁家河插队的时候，由于为民办实事小有名声，一位生活困苦的老人慕名想认识他，他专门找到这位老人，把自己当时身上所带的粮票和钱都掏出来给了那个素昧平生的老人，在那个物质贫乏的年代，习近平同志自己的生活也不富裕，可以说是倾其所有帮助这位陌生的老人，这叫倾囊相助也叫“解衣推食”。习近平总书记当时做出这种举动，既是出于对老人的尊敬、关心和爱护，更源于自己平时在家里接受的革命教育，这种爱和帮助出于良知和自觉，没有任何强迫，是一种发自肺腑的为人民服务的大爱。今天想来，这或许是家庭教育潜移默化的结果。

几十年过去了，习近平总书记仍然像孝敬自己的父母一样尊敬老人，关爱老人。2013 年 11 月 25 日，习近平总书记到沂蒙老区考察，他不但关心那里的经济发展情况，更关心那些为革命奉献终身的老前辈，他拉着“老支前”王克昌的手嘘寒问暖，与他话家常，问家里的收入和生活情况。老区人民为革命作出重大贡献，吃水不忘挖井人，党和国家不能忘记他们，不能忘记为革命作出贡献的老前辈，要关心他们的生活。2013 年 12 月 28 日，习近平总书记到四季青敬老院看望老人，他坐到老人身边，询问老人的身体情况、饮食起居情况，提出我们社会要同舟共济，特别要关心那些为社会作出贡献的老人，让他们无后顾之忧，才可以鼓励今天的年轻人放手去奋斗、去拼搏。关怀和被关怀都是幸福的，特别是被习近平总书记关怀，这种被关怀的幸福在老人脸上洋溢出来。习近平总书记尊老敬老的例子还有很多，2014 年 5 月，他到北京大学看望汤一介教授时，倡导全社会要尊重知识、尊重人才，尊重知识分子。2017 年 11 月，习近平总书记出席全国精神文明建设表彰大会，他把中国核潜艇之父黄旭华等年龄较大的全国道德模范请到第一排，看似不经意的动作，体现了习近平总书记一以贯之的敬老爱老美德。习近平总书记以身作则，用实际行动践行敬老爱亲，在习近平总书记的倡导下，全社会掀起了轰轰烈烈的敬老爱老活动，如寻找“最美孝心少年”，寻找“最美媳妇”“最美家庭”等，通过树立榜样，在全社会挖掘和培育敬老爱亲的社会风气，让孝老爱亲的光荣传统一代代传递下去。

尽管今天的家庭结构发生了很大的变化，但孝老爱亲的传统美德不能丢。任何时代都不能容忍传统美德与我们渐行渐远。孝顺老人，无论古今中外都是一种美德，我们要通过一系列的行动把孝老爱亲的传统美德传递下去，让它在中华大地上生根发芽，开花结果，让这些“最美”故事感动我们，影响我们，以培育良好社风。在习近平总书记的大力倡导下，我们提倡四个自信，其中文化自信是最持久最深厚的力量，而这种持久深厚的力量来源于我们的文化根基，来源于我们的传统文化，来源于传统文化的向心力和凝聚力，来源于家庭文化的团结力。把孝老爱亲的传统美德传递下去，关系到传统文化的接续发展。今天，一部分青少年崇尚过洋节，对西方个人主义、自由主义的文化过分推崇，崇尚西方的价值观，把家孝文化抛之脑后，甚至有些明星抛弃了传统伦理价值观，出现“毒星”

“赌星”“艳星”等丑恶现象，有一些所谓的“顶流”明星，顶着光鲜的光环，背地里做一些有违伦理道德甚至违反法律的事情，如家暴、偷税漏税、出轨等，对社会特别是青少年的价值导向带来了不良影响。在这种情况下，我们更应该重视传统美德教育，敬老孝老从娃娃抓起，从家庭教育抓起，从价值观教育开始，让他们在日常生活中身体力行。用正面的例子来引导青少年，如中央电视台的《经典咏流传》《中国诗词大会》是个很好的例子，很多年轻人特别是小朋友加入这些活动中来并从中取得了不俗的成绩，说明经过不懈努力，优秀传统文化慢慢走进了青少年群体。孝老爱亲不仅仅关乎家人，更关乎社会。习近平总书记指出，要把弘扬孝老爱亲纳入社会主义核心价值观宣传教育。在十九大报告中，习近平总书记指出，要积极应对人口老龄化，构建养老、孝老、敬老政策体系和社会环境，推进医养结合，加快老龄事业和产业发展。① 这就从国家治理的层面把敬老、孝老落到实处，把《中华人民共和国老年人权益保障法》落到实处，真正让老年人老有所养、老有所医、老有所乐。

在我国逐渐步入老龄化社会的今天，老年问题不但是家庭问题，还是社会问题，是经济发展问题。习近平总书记关于孝道的论述对当前精神文明建设有重大指导意义，对纠正经济社会发展过程中出现的失孝不孝等道德滑坡、价值观模糊问题提供了解决问题的新方法、新思路。他自己身体力行、率先垂范，体现在他“老吾老以及人之老，幼吾幼以及人之幼”的大孝、大爱中，更体现在他持续推进老龄事业发展的治国理政的务实举措当中。今天我们要让孝老爱亲优秀道德资源成为聚人心、塑人魂的精神宝库，要让尊老、敬老强大的道德力量成为构建和谐社会减压阀、防火墙。这将为我们实现人民对美好生活的向往，实现中华民族伟大复兴的中国梦奠定深厚的文化基础，汇聚起家庭文明建设的强大合力，使千千万万个家庭成为国家发展、民族进步、社会和谐的重要基点。②

① 习近平．决胜全面建成小康社会　夺取新时代中国特色社会主义伟大胜利——在中国共产党第十九次全国代表大会上的报告［EB/OL］．http://www.qstheory.cn/llqikan/2017-12/03/c_1122049424.htm

② 《平“语”近人——习近平总书记用典》解说词（第五集）报得三春晖［EB/OL］．http://www.xinhuanet.com/politics/2018-10/13/c_1123554642.htm

第三节 “各美其美，美美与共”的天下大同思想

一、天行健，君子以自强不息

从 2012 年第一次提出“中国梦”，其即成为热议最广的高频词，上至国家治理层面，下至普通老百姓，都在讨论“中国梦”。习近平总书记说，实现中华民族伟大复兴就是中华民族近代以来最伟大的梦想。中国梦既是历史的、现实的，也是未来的，既是国家的、民族的，也是个人的，“中国梦”包含三层含义，即国家富强、民族振兴、人民幸福。中国梦是中华民族的奋斗梦、自强梦，也是觉醒梦，是近代以来中国人民最伟大梦想的集中体现。正如习近平总书记指出：“实现中华民族伟大复兴，就是中华民族近代以来最伟大的梦想。这个梦想，凝聚了几代中国人的夙愿，体现了中华民族和中国人民的整体利益，是每一个中华儿女的共同期盼。”[①] 自鸦片战争以来，饱经沧桑的中国人民从未停止过追梦的脚步，从屈辱到抗争，从抗争到胜利，自强不息、救亡图存成为贯穿整个中国近代史的一条主线，这条主线是近代以来中华民族一直跳动的精神脉搏。在各方思想和“主义”的较量下，先进的中国知识分子最终选择了马克思主义作为自己的信仰，与此同时，以马克思主义为指导思想的中国共产党不断发展壮大，经过二十八年浴血奋战，一个崭新的中国屹立于世界的东方。在实现中华民族伟大复兴的征途上，有识之士奔走呼号，有志之士艰难求索，中国共产党成立后，党带领人民砥砺前行，克服了一个又一个困难，始终把为中国人民谋幸福、为中华民族谋复兴作为自己的奋斗目标，从追梦到筑梦再到圆梦，中国人民从没有停下追逐的脚步，特别是党的十八大以来，中国共产党不忘初心、牢记使命，肩负着国家富强、民族振兴、社会发展的重任，把国家梦和民族梦结合起来。中国梦的提出

① 习近平谈治国理政（第一卷）[M]. 北京：外文出版社，2018：36.

既不是神来之作，也不是偶然为之，而是有深刻的历史文化渊源，它是中华民族壮丽发展史的接续，既然叫复兴，说明我们曾经兴盛过，如大唐盛世。文化是解读中国梦的一个重要视角，在对中国梦的理解上，从其提出、形成到发展，文化自始至终贯穿于此。

习近平总书记讲，中国是一头狮子，但是一只爱好和平的狮子，和平、和谐、和睦一直是中国传统文化的价值精髓。和谐，作为中国传统文化的价值渊源一直影响着中国人的思维习惯，“道生一，一生二，二生三，三生万物”“和而不同”“合二为一”“美美与共”的和合思想造就了中华文明兼收并蓄、兼容并包的气度，从而使中华文明历久不衰，显示出强大的生命力，并且造就了超越民族和国界为世界其他国家和民族所认同的价值观，如和平共处五项原则。20 世纪以来，曾有一些学者认为，阻碍中国社会发展的关键因素是中国传统文化。一批接受西方思潮的知识分子认为，只有西方文化才能将近代中国的愚昧落后荡涤干净，为了彰显自身价值，不惜花费大量精力，不遗余力地揭示中国传统文化的弊端。

改革开放后，中国的大门开始向世界敞开，扑面而来的，除了各种新事物外，还有西方的文化思想。西方文化迅速影响并抢占我国文化市场，且在一定程度上占领了我们的文化阵地，有一些人唯西方马首是瞻，甚至认为西方的月亮更圆，人们更多的是看到西方文化中积极的有价值的方面，而对其消极的一方并未认清。大量西方思潮的涌入，给那些缺乏中国传统文化认知的青少年带来错误价值导向，他们崇拜西方思想，对本国的价值认同感逐渐降低，从而产生文化自卑心理。长时期受西方思想的影响，社会上一些负面情况屡屡发生，如环境破坏、拜金主义、两极分化等。过分崇拜西方的价值观，造成思想的混乱和价值取向多元化，在当今的一些文化表现形式中确实出现了缺乏民族精神、忽视价值导向的世俗化、平庸化趋向，给传统价值观带来很大冲击。例如，新加坡发展史上也经历了同样的发展时期。20 世纪 70 年代后，新加坡年轻一代纷纷抛弃了东方传统的价值观，过分追求西方的价值观和生活方式，提倡物质崇拜和个人主义，社会道德一度呈现危机。时任新加坡总理的李光耀意识到这种情况可能导致的危害，如果一味西化，将失掉传统文化的根，于是倡导了一场“文化再生”的运动。1982 年，李光耀总理号召新加坡人，特别是年轻人，一定要继承发扬儒家传统道德，并把“忠、孝、仁、爱、礼、义、廉、耻”作为政府必须坚决贯彻执行的治国理念。1991 年，新加坡政府发表了《共同价值观白皮书》，提出“国家至上，社会为先；家庭为根，社会为本；关怀扶持，尊重个人；求同存异，协商共识；种族和谐，宗教宽容”五大理念，作为新加坡共同（核心）价值观加以执行，成为儒家价值观与现代文明有机融合的典范。新加坡传统文化现代重塑给我们的启示是：在经济发展的社会转型期，必须重视传统文化的保护，重视传统文化的现代挖掘和发展，否则，在全球化时代，我们的文化身份和文化之根将会丧失。所以，我们必须重视传统文化的挖掘和保护，用好我们优秀的传统文化宝库。

中国传统文化宝库拥有巨大的资源，只要认真发掘，就能找到闪光的地方。如厚德载物的宽厚思想，“老吾老以及人之老”的天下大同思想，“和而不同”“美美与共”的百花齐放思想等，对今天实现文化包容、构建和谐社会仍具有重要的借鉴意义。再比如古代“天人合一”观，是我国道家的宇宙观，主张道法自然，提出一生二、二生三、三生万物的万物并育而不害思想，主张人与自然和谐共生，形成你中有我，我中有你的生态维护理念。总体来说，“天人合一”强调人与自然的一致性，强调了万事万物之间相互作用的规律与事物之间的和谐性。认为人的言行要以实现天道为己任，即要按照客观规律办事，要道法自然，体现整体的宇宙观，强调人道与天道、自然与社会的和谐共生与紧密联系。今天我们提出构建社会主义和谐社会，其核心要义之一就是人与自然和谐共处，人与人、人与社会的和谐共处。构建民主法治、公平正义、诚信友爱、充满活力、安定有序、人与自然和谐相处的社会主义和谐社会，是中国共产党在领导中国人民进行社会主义现代化建设过程中总结出来的经验结晶。我们党在执政的过程中面临着巨大的风险和挑战，如何应对这些风险和挑战，除了从马克思主义经典著作中寻找治国理政的智慧，也要从中华优秀传统文化中寻找答案。十六大以来，我们党之所以提出构建社会主义和谐社会的理论主张，主要是因为我们在发展经济的过程中存在功利主义，过分强调索取，造成对生态的破坏。学术界不乏有识之士主张从中国传统文化的角度审视社会建设，主张人与自然和谐共处，从文化传承的角度对建设什么样的国家，构建什么样的社会，培育什么样的公民进行传统视角探索。中国特色社会主义是人与自然和谐相处的社会主义，我们既要坚持中国特色社会主义道路自信、理论自信、制度自信，还要坚持中国特色社会主义文化自信，要从中国优秀传统文化中寻找治国理政的政治智慧。既要立足现实实际，也要立足历史实际，我们创造历史是在已有的条件下创造的，要多从优秀传统文化的角度去解构相关理论和现实问题。以社会总体协调发展为出发点，树立整体和谐的思维观。西方经济发展中曾出现种种弊端，西方工业文明强调征服自然、占有自然，由此，在长期的社会发展下，就出现了一系列人与自然相互对立的矛盾状况，伤及自然最终伤及人类自身，如西方一系列工业污染事件。如何处理和应对这些问题，是摆在我国发展过程中不能回避的问题，如何协调各方面的利益关系，我们可以从古人那里吸取经验，在中国传统文化中汲取智慧，如“和实生物”“和而不同”的和谐思想，有着重大的引导和借鉴意义。正如习近平总书记所强调的：“一个国家、民族的强盛，总是以文化兴盛为支撑的，中华民族伟大复兴需要以中华文化发展繁荣为条件。”[①] 因此，没有对中国优秀传统文化的继承和弘扬，没有对它进行创造性发展，中国特色社会主义文化建设将失去坚实的基座，先进文化也无从谈起。我们在进行社会主义建设的时候，绝不能抛弃自身所具备的优秀传统文化，在实现文化的继承和发展过程中实现社会的进步。

二、和实生物，同则不继

将马克思主义基本原理与我国具体国情相结合，实现马克思主义中国化时代化新的飞跃，用马克思主义解决中国发展过程中面临的问题，这是中国共产党理论建设一直要面对的难题，如习近平总书记所提出的，宣传阐释中国特色，要讲清楚每个国家和民族的历史传统、文化积淀、基本国情不同，其发展道路必然有

① 习近平：汇集起全面深化改革的强大正能量［N］. 人民日报，2013-11-29（01）.

着自己的特色；讲清楚中华文化积淀着中华民族最深沉的精神追求，是中华民族生生不息、发展壮大的丰厚滋养；讲清楚中华优秀传统文化是中华民族的突出优势，是我们最深厚的文化软实力；讲清楚中国特色社会主义根植于中华文化沃土、反映中国人民意愿、适应中国和时代发展进步要求，有着深厚历史渊源和广泛现实基础。中华民族创造了源远流长的中华文化，中华民族也一定能创造出中华文化新的辉煌。①

不同时代有不同的主题，我们面临的发展形势和建设任务与以前有所不同，我们对待传统文化的思维方式和价值理念也不同，但是我们对传统文化的继承和发展一直没有停止。和平与发展成为当今时代主题，这是不以人的意志为转移的，也是世界发展大势。构建和谐社会，这是中国特色社会主义的应有之义，也是社会主义的本质特征之一。中国传统文化不乏这方面的思想，中国共产党作为中国的执政党，就是要利用好我国优秀传统文化资源，对它进行发掘和创新，讲好中国故事，传播好中国声音，当前最主要工作就是利用政权的力量，进一步对上层建筑和生产力的关系进行不断完善和改革，达到解放发展生产力的目的，从而最大限度满足人民群众日益增长的美好生活的需要。因此，我们就更需要营造一个稳定的社会环境，为社会发展提供保障性的土壤。只有社会稳定了，才能充分发掘人们的主动性和创造性，才能发现新方法解决新问题。出于转变发展理念和处理问题方式变化的需要，我国传统文化中和同思想对我们在新时期处理新问题、新情况提供了可供参考的价值理念和思维方式。

当前社会，乃至是整个国际社会中，机遇与风险并存，在这种情况下，我们必须提高应对风险的能力，提高处置突发事件的能力，促使社会更加稳定和谐，我们既要大刀阔斧，也要步稳蹄疾，既不能因噎废食也不能搞“大跃进”。如何解决社会发展中面临的不平衡、不充分问题呢？应该还是要在优秀传统文化中找思路。在社会发展步入快车道，社会基本协调、稳定的前提下，依然要对社会发展保持清醒的认识，不能忽视社会发展中出现的诸如人与自然发展不和谐不稳

① 习近平谈治国理政（第一卷）［M］. 北京：外文出版社，2018：155-156.

定、城乡区域发展差距大、人与人之间利益关系冲突等问题。当然，我们今天提出构建和谐社会不是回到过去的田园牧歌时代，而是对传统文化的超越和发展，是继承和创新的统一。和谐社会强调惠民生，重民本，既是对传统民本思想的继承也是对它的超越，在其中加入了民主法治的现代价值理念。古代民本思想在理念上肯定了人的基本价值，而没有从理论上确定人民的主体地位，在古代，有特权思想存在，有尊卑和阶级差别，虽然开明的统治者认识到人民的重要性，特别是在大乱之后的大治时期，一定程度会爱惜和保护民力，但随着政权的稳固，这种理念很难一以贯之。今天，中国特色社会主义进入新时代，为人民服务的理念与古代民本思想有所不同，社会主义民主政治强调人民当家做主，从宪法的角度保证人民主人翁的地位，以尊重人民的各项基本权利，尤其是生存和发展权为基础。和谐社会追求公平正义的价值理念，是对传统文化中公允理念的创造性发展，而不是回到过去。和谐社会是对天下大同思想的扬弃，古代制定礼乐是为了规范人的社会身份和行为方式，对人进行适应性改造，使之尊时守位不逾矩，以达到陶冶人的性情和沟通人的感情的目的，使大家按照社会规则行事，从而实现人与人的和谐相处。今天，我们提出构建社会主义和谐社会，提倡人的自然性和社会性的统一，是对古代天人合一观念的现代诠释，天人合一就是人与自然和谐相处，万物并育而不害。中国传统文化孕育着中华民族五千年来思想文化的精华，对它的继承和发展是以改革创新为核心的时代精神的体现。我们在构建和谐社会的过程中应该注重历史和现实的契合，在进行现代化建设的同时抛弃传统文化的糟粕和摒弃历史局限性，为其注入新的理念，达到传统文化和当代社会发展的良性互动。

再者，构建社会主义和谐社会是中国人民在长期实践中所得出的结论。中国人民历来爱好和平，并把这个理念付诸实践。在世界多极化和经济全球化的大背景下，天下太平不但是中国人民的愿望，也是世界人民的呼声，求和平谋发展是当今时代的共识，也是中国共产党的外交主题。今天，我们党所处的历史方位发生了重大变化，进入了新时代；我们党的执政地位发生了重大变化，社会主义民主政治得到极大改善；我们党的执政环境发生了重大变化，进入了全球化的时代；我国社会主要矛盾也发生重大转变，从追求数量的增长到追求质量的提高。无论是党所肩负的历史使命，还是从巩固执政党的地位来看，我们必须从历史吸取教训，从毛泽东在新中国成立前提出的“进京赶考”和“两个务必”，到习近平总书记讲“进京赶考”还没完成，“三个务必”永远不能丢，我们必须把全面从严治党作为一项政治工作来抓，中国共产党致力于构建社会和谐、民族团结、社会稳定秩序结构，提倡人与人之间和睦共处，和谐发展，营造风清气正的社会环境。

2019 年，习近平总书记在亚洲文明对话大会开幕式上讲道：“自古以来，中华文明在继承创新中不断发展，在应时处变中不断升华，积淀着中华民族最深沉的精神追求，是中华民族生生不息、发展壮大的丰厚滋养。中国的造纸术、火药、印刷术、指南针、天文历法、哲学思想、民本理念等在世界上影响深远，有力推动了人类文明发展进程。”① 当今世界仍不安宁，经济危机、难民问题、环境问题、生态危机、恐怖主义、贫困差距等问题层出不穷，威胁着人类的生存和发展，其背后的一个重要原因那就是价值认同、文化认同存在问题。世界文明是交流互鉴和相互包容的，“如果人类要在 21 世纪生存下去的话，必须回头 2500 年，去吸取孔子的智慧”。② 中华文化延续着中华民族五千年的精神命脉，期间从未断流，塑造了独特的精神气质和价值理念，蕴含了许多解决当今全球性问题的思想智慧。“和”是一种相处状态，是不同事物间的融洽、协调，不是非此即彼，更不是有我无他和有他无我的对立状态。“礼之用，和为贵。先王之道，斯为美”（《论语·学而》），中国古代主张和谐、和平、和美，这是国家兴旺发达的王道，“天时不如地利，地利不如人和”（《孟子·公孙丑下》），政通人和，“和”是国家发展的前提条件，没有和平的环境，社会动荡、生灵涂炭还谈什么发展，所以邓小平说稳定压倒一切。“和”不是赢者通吃，更不是弱肉强食，而是共赢。“和”既是中华文明的传统价值追求，也是普通老百姓日常不可缺的生活氛围。

① 习近平在亚洲文明对话大会开幕式上的主旨演讲（全文）［DB/OL］. https://www.ccps.gov.cn/xxsxk/zyls/201906/t20190604_132082.shtml

② 田坤. 中华优秀传统文化的世界文明贡献［EB/OL］. http://www.ccdi.gov.cn/lswh/lilun/201905/t20190522_194383.html

要达到“和美”的状态，就要依靠“尚中”的思想，不强加不排斥。“中”也是适度，不走极端，它不仅是一种生活准则，也是一种人生追求和道德境界，更是“得道者多助，失道者寡助”处世方法的精到表述。中华文明秉承尚和的理念，形成了兼容并包、和而不同、厚德载物的宽厚品格，在追求人与社会、人与自然、人与人协调发展中，与其他文明相互借鉴，万物并育而不害，在与其他文明交流的过程中秉承互相尊重，互鉴互惠，平等对话，超越时代和种族的界限，进行了融合发展，如对古印度文明、两河文明进行吸收借鉴，才形成今天的文化品格。中华文化不仅养育了一代又一代中华儿女，而且塑造了中华民族的凝聚力和创造力，熔铸在中华民族的血液里。中华优秀传统文化在国际社会中倡导多元文化互鉴，反对文化单边主义和文化保护主义，尊重文明多样性，维护各民族、各国家文化发展的自主性，在推动经济全球化和世界多极化的过程中起到重要作用。文化是丰富多彩的，具有民族性、地域性和历史性，每个国家和民族创造自身的文化的时候都打上了各自的民族标签。各国、各民族遗留下来的优秀文化，共同构成了人类文明大家庭的发展史，是宝贵的精神财富。它们有差异也各有特色，创造文明的民族与国家有大小，不同文明发展有先后，它们在发展的过程中融入了本民族的特色，但是在世界文化的百花园中占有平等地位。一支独放不是春，百花争艳春满园，在坚持平等对话的前提下，中华文化采取兼收并蓄的理念，采用洋为中用的方针进行消化吸收。每一种文明都浓缩了一个民族的集体记忆，文明发展史也是民族发展史，都是从特定的历史背景、自然环境和民族传统中生长而来，体现着各国家各民族独特的思维方式和生产生活方式。

三、道并行而不相悖

“道并行而不相悖”，和而不同不是毫无差别也不是千篇一律，而是“和”与“不同”的辩证统一，体现在国家发展和文明进步中，既要尊时守位，又要因地制宜，别出心裁；既要实现共同目标，又要兼顾不同群体的利益。体现在国际社会交往中，就是既要求合作谋发展，又不能放弃自己的核心利益，既要尊重别国的文明形态，又要坚持自身文化传统，提倡相互借鉴，取长补短。体现在对待其他文明的态度中，就是“己所不欲勿施于人”的忠恕之道。和而不同的前提是平等对待，平等比较，而不是凌驾于其他文明之上，不能说一种文明比另一种文明更优越，也不能说哪一种文明更先进，每一种文明都在其所处的时空中发挥着不可替代的作用，承载着不可复制的历史，为世界文明多样化作出了自己独特的贡献。

中华文化的和而不同原则，不认同把文明人为地划分为三六九等，反对用一种文明去压制另一种文明，更反对唯我独尊的文化沙文主义。一旦某种文明凌驾于别的文明之上，居高临下地对待别个文明，就是文明的“法西斯”，是文化专制和独裁主义，失去了和其他文明互鉴互视的机会，不仅不能参透其他文明的奥妙，反而搞文化扩张，也必将在发展中因为故步自封而自取灭亡。人类历史文明源远流长，各国家、民族文明各有优长，不可定于一尊，正是多种多样的文明各美其美，共同构成了丰富多彩的人类文明。每个民族的文明都有其独到的价值，都值得珍惜、尊重和传承，各美其美，美美与共，“和羹之美，在于合异”，人类文明多样性是在“合异”的基础上发展起来的。

“大道之行也，天下为公。选贤与能，讲信修睦，故人不独亲其亲，不独子其子，使老有所终，壮有所用，幼有所长，鳏寡孤独废疾者皆有所养。男有分，女有归，货恶其弃于地也，不必藏于己；力恶其不出于身也，不必为己。是故谋闭而不兴，盗窃乱贼而不作，故外户而不闭，是谓大同。”（《礼记·礼运》）这是中国古代所追求的理想治世，是一个“老吾老以及人之老，幼吾幼以及人之幼”的原始共产主义社会，这是封建时代的世外桃源，也是文明交流互鉴的结果，但无论在哪朝哪代都没有真正实现过，只是有它的“低级”版本，即所谓的“盛世”时代与之相似，如开元盛世、康乾盛世、文景之治等。

古人特别关注“和”，如和气生财，家和万事兴，和和美美等。中国古代文献里有很多关于和、关于和谐的经典论述，《中庸》讲，人们无论在情感上还是在欲望上都要有所节制，不能为所欲为，要有一个度。所以在为人处世方面，要适度地把握度，不能过了。这个度实际上就是儒家思想所说的中庸之道。人与人之间、国与国之间交往也要有一个度，超过了这个度就叫过，过了之后就物极必反了，不是适度状态。国与国之间需共同协商，共谋共策，解决双方面临的矛盾，使双方利益达到最大的契合度，这就是所谓的谈判。达到双方都能接受的结果，这就是合适的尺度了，也就是中庸所说的“和”。求同存异，化解矛盾，“和合”的核心是多样性的统一，目的在于“和”，即各美其美，美美与共。中华优秀传统文化就是在求同存异、兼收并蓄中发展壮大起来的，中华文明本质上是一种“和合”的文明。历史上，汉唐时期，外来文化进入中原，中华文化对其进行合理的吸收消化，形成了具有中华民族特色的传统文化，具有包容、开明、开放等多重属性，这些传统又被其他国家和民族学习借鉴过去，在不同国家与民族间交流与传播，如今天日本的茶道、围棋以及饮食习惯。从哲学的角度来讲，“和合”是差异性和多样性的辩证统一，“和”是包容性，接纳事物的差异性，“合”是中和性，肯定和接受事物的多样性，“和合”强调“和而不同”。和合性要求找准事物之间的同，以“容”的胸襟最大限度地减少或化解异（分歧或矛盾），从而使双方实现和谐发展。中国传统文化的发展过程就是一个融合的过程，既包括对外来文化的融合，也包括对历史文化的融合，同时也主张民族的大交流大融合大发展。

儒家主张用仁爱思想来实现“天下大同”，墨家提出兼爱非攻，道家主张无为，“天下大同、兼爱非攻、无为”都是和平思想的体现，老子主张“以道佐人主”“不以兵强于天下”，一时强弱在于力，万古胜负在于理，社会的和谐不是靠压制得来的，而是出自内心，和谐是内心的畅快。提出万事万物都有灵性，一生二，二生三，三生万物。庄子提出“齐物论”，人不能凌驾于万物之上，主张万物和谐相处，自然生长是有规律的，主张“道法自然”，人与自然和谐相处。人类创造了辉煌文明的成果，也遭遇了数不清的冲突，这些冲突给人类文明带来过巨大的灾难，一些优秀的文明成果毁于战火，人类为此付出了惨痛的代价。天下大同的基础是停止武装冲突，用对话而不是武力的方式解决争端，只有文明交流互鉴才能消除隔阂，只有平等尊重才能和平相处，只有世界和平才能人类和睦共处，人类社会才能生生不息，向前发展。共谋发展的前提是相互承认，相互尊重，习近平总书记指出：“文明因多样而交流，因交流而互鉴，因互鉴而发展。

我们要加强世界上不同国家、不同民族、不同文化的交流互鉴，夯实共建亚洲命运共同体、人类命运共同体的人文基础。”① 这个共同体正在经济全球化、世界多极化、文化多样化、信息全球化的过程中持续推进，地球村正前所未有地紧紧相连。人类是个大家庭，我们必须在世界范围内推动不同文明和谐共处，不同文明平等交流，反对以大欺小、以强凌弱，让文明交流互鉴成为促进世界和谐美丽的桥梁，使之成为推动人类文明发展的助推器，成为维护世界和平的驱动力。

和则强，孤则弱。中华文化尚和的基因决定了中华民族是致力于促进世界和平、促进共同发展的重要力量，是包容一切文明差异性、倡导不同文明和谐共生的生力军，它是我们提出构建人类命运共同体的文化基因。中华民族素来爱好和平，中华文明的血脉里没有国强必霸的基因，中国的武力是防御性质的，只有通过真诚交流、平等对话，美美与共的愿景才会实现。在未来的发展中，中华文明将与全世界其他文明一道，高举和平、发展、合作、共赢的旗帜，同世界各国人民和睦相处，共谋、共享、共护和平，共同创造人类的美好未来。

中华民族向来热爱、顺应和尊重自然，中国传统的农耕文化，男耕女织，田园牧歌，绵延了几千年，儒家的天人合一思想，道家的道法自然观，佛教不杀生思想等，从某种程度上体现了人与自然的协调。生态兴则文明兴，生态衰则文明衰，今天的罗布泊在以前也是个水草肥美的地方，由于过度开发，最终沙进人退，楼兰古国消失在黄沙中了。对今天来讲，建设生态文明，事关人民根本利益，更关乎国家和民族未来，因为绿色就是生产力，绿水青山就是金山银山，党的十八大把生态文明纳入五位一体总布局中，提出建设美丽中国目标，表明了中国政府对生态文明建设的重视，以期实现中华民族的永续发展，这标志着我们党对人类社会发展规律、共产党执政规律和社会主义建设规律的认识进一步深化。

人类思想的形成也依赖于自然环境，换句话说，环境会影响人的思维方式和处事方式，自然环境是人类得以生存和繁衍的物质基础。人类文明成果的创造离不开自然环境的赐予，离不开特定的地理位置，最早的生态思想萌芽于对宇宙的

① 习近平在亚洲文明对话大会开幕式上的主旨演讲（全文）[DB/OL]. https://www.ccps.gov.cn/xxsxk/zyls/201906/t20190604_132082.shtml

探索，对自然的敬畏，对未知世界的思索，进而慢慢衍生我国古代的生态文明思想雏形——“顺天说”，到了后世，尤其是儒家“天人合一”思想和道家道法自然的思想，进而推导出万物并育而不害的思想，将“仁爱”推及至自然界，如佛教不杀生的思想。今天的中国，党和国家人民越来越重视生态文明的发展，尤其是在不断统筹推进下，将生态文明建设推进到一个新高度。聚焦传统文化，以史为鉴，从博大精深的中华优秀传统文化中汲取治国理政的智慧，关乎人民福祉，关系国家发展。党的十八大报告第一次提出了“美丽中国”这个概念。“美丽中国”有着深厚的历史底蕴，在中国历史文典中，也有相关描绘。早在晋代，陶渊明在《桃花源记》写道：“土地平旷，屋舍俨然，有良田、美池、桑竹之属。阡陌交通，鸡犬相闻。其中往来种作，男女衣着，悉如外人。黄发垂髫，并怡然自乐。”此中，陶渊明所描绘的这幅世外桃源也契合于当前党提出的“美丽中国”的愿景，这是一个人与自然和谐相处的祥和社会。辛弃疾在《清平乐·村居》中写道：“茅檐低小，溪上青青草。醉里吴音相媚好，白发谁家翁媪？大儿锄豆溪东，中儿正织鸡笼。最喜小儿亡赖，溪头卧剥莲蓬。”虽寥寥数语，却活脱脱地勾勒出一幅美丽乡村的景象，将一幅原生态的百姓生活场景展现在读者面前，宛若一幅美丽的山水画，彰显了古人眼中的“美丽中国”样子。

中华传统文化贯穿古今，中华历史文化对“美丽中国”的描绘更是不胜枚举。无论是充满理想色彩的《桃花源记》，还是充满世俗味的《清平乐·村居》，都给大家展示了一幅生动美丽的中国画面，而这画面，正体现了古人对美好生活的向往。可见，中国古人对美好生活的设定和遐想，在几千年来的思想文化中绵延不断，源远流长，熔铸在中华民族生生不息的发展过程中，历经千年而不衰。今天，我国在工业化的过程中面临生态问题，如何趋利避害，是摆在我们面前的一个紧迫难题。面临资源过度开发、环境污染严重、雾霾、温室气体、草场退化、水体和土壤污染等环境灾害问题，生态系统净化功能退化严峻问题，我们必须树立危机意识和责任意识，把生态文明建设放在突出位置，把它纳入政绩考核范围，融入社会发展的各个方面和社会发展的全过程，绝不能涸泽而渔，实现中华民族的永续发展。

建设生态文明是顺应人民对美好生活的需要，这种需要是社会发展的需要，是身心协调的需要，是人和自然和谐相处的需要，也是顺应新时代社会主要矛盾转变的必然结果，人民对生活的需求已经由量的需求到质的提高，由以前吃饱穿暖低层次需求发展到对居住环境、生活品质高层次的需求。习近平总书记指出：“建设生态文明，关系人民福祉，关乎民族未来。”① 中国特色社会主义进入新时代，这是我们发展新的历史方位，人民的需要发生了变化，除了需求多样化外，还包括需求质量的提高，对生存环境的需求更高。在后工业时代，金山银山固然重要，但绿水青山同样不可或缺，如果任由生态恶化下去，其后果是灾难性的，如古代的楼兰古国，就是因为过渡垦殖导致当地生态不可逆转地恶化，从而淹没在历史尘埃中，今天的罗布泊一片荒凉，没有生机。环境是没有替代品的，环境的修复费钱、费力、费时。目前，有些地方环境污染成民心之痛，民生之患，绿水青山显得尤为珍贵，而且是一种不可或缺的“共同财产”。要想人人共享，就得人人守护，不搞大开发，共抓大保护，大家共同努力，为建设美丽中国贡献自己的力量。

四、四海之内皆兄弟也

“四海之内皆兄弟”的人类命运共同体思想，是习近平总书记对“天下大同”理想的创造性转化和创新性发展。两千多年前，中华民族就以追求“天下大同”和“兼济天下”为己任，孔子讲“四海之内皆兄弟也”，中华优秀传统文化主张各民族亲如一家，中华儿女情同手足，主张建立以仁爱为基础的“大同世界”。中华民族对“大同世界”的憧憬蕴含着最早的人类命运共同体的意识。《礼记·礼运》提出：“大道之行也，天下为公”，《尚书·尧典》说：“克明俊德，以亲九族，九族既睦，平章百姓，百姓昭明，协和万邦。”万邦协和思想、天下为公理念是人类命运共同体的思想渊源，大同世界就是一个天下平等、种族和合、四海

① 习近平谈治国理政（第一卷）[M]. 北京：外文出版社，2018：208.

一家的世界，即人类各民族各国家共同发展共同繁荣的世界，在这样的世界里，万国安宁、天下和平、各美其美，各得其所。荀子提出：“四海之内若一家，莫不趋使而安乐之。夫是之谓人师，是王者之法也。”张载说：“民吾同胞，物吾与也。”这些思想体现了古代中国人民朴素的天下观，与马克思的共产主义理想有高度的契合性，为今天构建人类命运共同体的思想提供了丰富的文化营养。正如习近平总书记所说：“亲仁善邻、协和万邦是中华文明一贯的处世之道，惠民利民、安民富民是中华文明鲜明的价值导向，革故鼎新、与时俱进是中华文明永恒的精神气质，道法自然、天人合一是中华文明内在的生存理念。”①

习近平总书记多次强调，中华优秀传统文化是中华民族的突出优势，是我们最深厚、最持久的文化基因。中华优秀传统文化中的协和万邦理念与和平共处五项原则是一致的，为推动我国建立以合作共赢为核心的新型国际关系提供了重要思想渊源，如源于古丝绸之路的“一带一路”发展理念，让世界搭上中国的顺风车，在处理国际关系上，他强调：“国不以利为利，以义为利也”，在与亚非拉等发展中国家交往的过程中讲信义、重情义，在国际场合扬正义、树道义。在国际合作中，主张义利并举，义放在第一位，正如习近平总书记在 2014 年 11 月召开的中央外事工作会议上指出，中国外交要做好对外援助工作，要切实落实好正确义利观，做好对外援助工作，真正做到弘义融利。② 义利兼顾，把帮助发展中国家发展的“义”放在前面。

由此可见，“人类命运共同体”思想可以说是习近平总书记对中华优秀传统文化最全面、最有效的运用和发展。“穷则独善其身，达则兼济天下”，社会主义中国在发展的过程中受到过其他国家的支援，今天，中国发展了，同样对其他发展中国家施以援助之手，中国的发展给世界带来的是机遇，是和平，是进步，中国的崛起只会让世界更和平更稳定，中国的发展不对任何国家构成威胁。习近平

---

① 习近平在亚洲文明对话大会开幕式上的主旨演讲（全文）[DB/OL]. https://www.ccps.gov.cn/xxsxk/zyls/201906/t20190604_132082.shtml

② 习近平谈治国理政（第二卷）[M]. 北京：外文出版社，2017：444.

总书记反复重申，中国将坚定不移走和平发展道路，永不称霸，永不扩张，这是我们的基本国策，也是对国际社会所作的“君子一言，驷马难追”的郑重承诺。他将和平比作空气、阳光和雨露，有了和平稳定，人类才能更好实现自己的梦想。各国都应该做和平的维护者和促进者，应该“相互补台，好戏连台”，不能为一己之私把一个地区乃至世界搞乱。

中国提出“一带一路”和“渝新欧专列”等倡议与古代“凡益之道，与时偕行”的思想是一致的，“一带一路”传承了古丝绸之路精神，“物之不齐，物之性也”，采取互通有无的国际商业交流方针，互鉴互学，取长补短，积极探索国际合作和全球治理的新道路、新模式，用中华优秀传统文化为世界发展贡献新思路。习近平总书记强调，中华文化之所以历经几千年而生生不息，关键在于其海纳百川的和合精神，民族与民族之间、国家与国家之间相互学习，相互借鉴，这样才能春色满园。世界各民族在发展的过程中创造了具有自身特色的丰富多彩的灿烂文明，每一种文明都有自己独特的个性和价值，共同构成了人类文明的宝藏。“达则兼济天下”，中国作为世界第二大经济实体，给世界带来的是机遇而不是挑战，带来的是和平稳定而不是动荡，中国始终是世界秩序的维护者而不是挑战者，中国欢迎各国特别是广大发展中国家搭乘中国经济发展的顺风车，中国愿以自身发展来促进世界和平与稳定，中国的发展离不开世界，世界的发展也离不开中国，中国愿意让世界各国共享中国发展的经济成果，共同促进世界和平与发展。

古丝绸之路是一条文明传播之路，是中国古代连接亚、非、欧的商贸热线，成为东方与西方经济、政治、文化交流的主要通道，形成了以互利共赢、开放包容、互学互鉴为特质的“丝绸之路”精神。2013 年，习近平总书记在东亚访问时提出共设“丝绸之路经济带”，把互融互通的丝路精神发扬起来，在印尼访问时提出共建“21 世纪海上丝绸之路”，旨在唤起沿线国家历史记忆，赓继商旅往来、帆船云集的贸易盛况，继承和发扬海上“丝绸之路”精神，把中国发展同沿线国家发展结合起来。习近平总书记赋予“一带一路”以全新的时代内涵，以中国经济引擎发展的巨大动力带动周边国家的发展，让沿线国家搭上“中国发展顺风车”，实现互利共赢，帮助这些国家实现发展目标。“一带一路”倡议具有深厚的历史文化底蕴，古丝绸之路既是经济交流之路，更是文化交融之路，不同文化随着丝绸之路广泛传播，如中国的四大发明就是通过丝绸之路传播出去的。今天，我们提出“一带一路”旨在增强经济和文化的交流，为世界特别是发展中国家繁荣发展作出贡献。通过“一带一路”倡议，中国展现出一个拥有深厚历史底蕴的大国应有的胸怀和心志，“以天下为己任”，大力弘扬中华文化优秀传统，积极承担国际责任和义务，在实现自身发展的同时为人类共同发展进步作出积极贡献。“一带一路”既承接历史又面向未来，既立足中国又面向世界，既激活了中国经济发展内生需求，又帮助沿线国家快速发展起来，为世界经济发展贡献力量。

今天的世界是开放的世界，各国互联互通，随着第四次科技革命的发展，世界已经缩小为名副其实的“地球村”了，各国人民的命运休戚与共，“人类命运共同体”已经成为人类普遍的愿望，这与中华传统文化协和万邦的理念是一致的，孟子讲“老吾老以及人之老，幼吾幼以及人之幼”，体现了最早的“人类命运共同体”意识，改革开放总设计师邓小平指出：“现在的世界是开放的世界”“中国的发展离不开世界，世界的发展也离不开中国”“任何一个国家要发展，孤立起来，闭关自守是不可能的”。邓小平的这些思想都是习近平总书记“人类命运共同体”思想的理论渊源，改革开放四十多年来中国快速发展，就是中国主动融入世界的过程，同时，中国经济的腾飞为世界经济的贡献度达到了三分之一，世界的发展越来越离不开中国。列宁说：“只有用人类创造的全部知识财富来丰富自己的头脑，才能成为共产主义者。”共产主义的前提是对人类命运的统一认识。在当今世界，人类还面临诸多共同问题，如气候变化、资源短缺、网络犯罪、恐怖主义等，这些问题层出不穷，不是某一个国家能单独解决的，需要结成人类命运共同体，共同去应对和解决。习近平总书记指出，国际社会日益成为一个“你中有我、我中有你”的“命运共同体”，大家相互依存，谁也离不开谁，共同居住在地球村。对一些复杂的气候问题、恐怖主义问题、难民问题，没有哪一个国家能独自解决，面对这些问题更不能隔岸观火，在全球化的背景下任何国家都不可能独善其身。因此，要以“命运共同体”的新视角，寻求人类共同利益和共同价值追求。“宇宙只有一个地球，人类共有一个家园。霍金先生提出关于‘平行宇宙’的猜想，希望在地球之外找到第二个人类得以安身立命的星球。这个愿望什么时候才能实现还是个未知数。到目前为止，地球是人类唯一赖以生存的家园，珍爱和呵护地球是人类的唯一选择。”① 2014 年习近平主席在德国访问时指出：“中华民族是爱好和平的民族。一个民族最深沉的精神追求，一定要在其薪火相传的民族精神中来进行基因测序。有着 5000 多年历史的中华文明，始终崇尚和平，和平、和睦、和谐的追求深深植根于中华民族的精神世界之中，深深溶化在中国人民的血脉之中。中国自古就提出了‘国虽大，好战必亡’的箴言。‘以和为贵’‘和而不同’‘化干戈为玉帛’‘国泰民安’‘睦邻友邦’‘天下太平’‘天下大同’等理念世代相传。中国历史上曾经长期是世界上最强大的国家之一，但没有留下殖民和侵略他国的记录。我们坚持走和平发展道路，是对几千年来中华民族热爱和平的文化传统的继承和发扬。”② 2017 年初习近平主席在联合国日内瓦总部全面阐述共同构建人类命运共同体理念，“‘海纳百川，有容乃大。’要推进国际关系民主化，不能搞‘一国独霸’或‘几方共治’。世界命运应该由各国共同掌握，国际规则应该由各国共同书写，全球事务应该由各国共同治理，发展成果应该由各国共同分享。他说，大道至简，实干为要。构建‘人类命运共同体’，关键在行动。国际社会要从伙伴关系、安全格局、经济发展、文明交流、生态建设等方面做出努力，坚持对话协商、共建共享、合作共赢、交流互

① 习近平谈治国理政（第二卷）[M]. 北京：外文出版社，2018：538.

② 习近平谈治国理政（第一卷）[M]. 北京：外文出版社，2018：265.

鉴、绿色低碳，建设一个持久和平、普遍安全、共同繁荣、开放包容、清洁美丽的世界。同时，他明确表示，中国维护世界和平、促进共同发展、打造伙伴关系、支持多边主义的决心不会改变。中国古人说：'善学者尽其理，善行者究其难。'构建'人类命运共同体'的美好目标，需要一代又一代人接力才能实现。"[①]

① 薛庆超. 习近平与中华优秀传统文化［N/OL］http://theory.people.com.cn/n1/2017/1221/c40531-29721761.html

第六章　实干兴邦
——“绝知此事要躬行”的躬行实践思想

第一节　“腹有诗书气自华”的自我提升思想

一、才如箭镞，学如弓弩

学习是人生成长进步的阶梯，习近平总书记引用“学如弓弩，才如箭镞”来解读为何学的问题；从“独学而无友，则孤陋而寡闻”这一典故出发来解读怎么学的问题，从“博学之，审问之，慎思之，明辨之，笃行之”这一典故出发，阐明了学以致用，学用结合的思想，从马克思主义经典著作、中华优秀传统文化书籍等方面阐明了学什么的问题。

学习可以增强气质修养。什么是气质，气质是一种品位，它虽有各种风格，但主要靠文化修养来体现。北宋大文豪苏东坡有一句诗很有名，叫“腹有诗书气自华”，这个“气”就是气质，其意是如果一个人饱读诗书，满腹经纶，其才华和气质在言谈举止中就会自然而然地显现出来，从而使自己与众不同，气场满满。习近平总书记在很多场合引用过苏东坡的这句诗，告诫年轻人要努力学习，奋发向上，切不可虚度光阴。习近平总书记本人也是勤于学习的典范，讲话和谈话时名言佳句信手拈来，脱口而出，“腹有诗书气自华”是他爱读书的真实写照。他不但身体力行自己重视学习，而且强调整个社会、整个政党要重视学习，强调建成学习型政党、学习型社会的重要性。英国哲学家培根曾说，读史使人明智，读诗使人灵秀，数学使人周密，科学使人深刻，伦理学使人庄重，逻辑修辞使人善辩，凡有所学，皆成性格。习近平总书记也说：“学史可以看成败、鉴得失、知兴替；学诗可以情飞扬、志高远、人灵秀；学伦理可以知廉耻、懂荣辱、辨是非。”[①] 他曾经说：“我爱好挺多，最大的爱好是读书，读书已成为我的一种生活方式。”[②] 读书、学习、总结是习近平总书记多年来一直坚持的习惯，把读书当成自己生活的一部分，当成他自觉的追求，可以说，学习既是解读习近平总书记个人魅力的最佳角度，也是解读习近平新时代中国特色社会主义思想的一把金钥匙。

学习是成长进步的阶梯。孔子讲：“学而时习之，不亦乐乎。”可见在古人那里就很重视学习，并把学习当成一件快乐的事情。实践的总结、知识的积累都离不开学习，这个学习不仅仅包括书本知识的学习，也包括实践探索，闭门造车是无法得到提高的。青年时期作为人生成长的重要阶段，要用好这段时光。少壮不努力，老大徒伤悲。学习是青年应有的责任和担当，青年兴则国家兴，青年的品质直接影响国家的素质，青年的理想关系着国家和民族的理想，青年有担当，民族就有希望，国家才有力量，马克思就是最好的例子，在中学毕业的论文就确定为人类的理想而奋斗的目标。少年强则国强，少年本领的习得靠的是刻苦学习，少年处于学习的黄金阶段，这个阶段必须重视各种习惯的养成，也包括学习态度的养成。青少年要把学好本领作为首要任务，作为人生境界精神追求。将树立远大理想与脚踏实地结合起来，立志做大事要从做小事开始；树立实现目标靠拼搏、成就事业靠本领的理念，不等不靠；树立自主学习、终身学习的理念，提升学习能力，增长学习才干，让不断增长的知识、才干转化为应对各种风险和挑战

---

① 习近平谈治国理政（第一卷）[M]. 北京：外文出版社，2018：406.

② 《平“语”近人——习近平总书记用典》解说词（第八集）腹有诗书气自华［EB/OL］. http://www.xinhuanet.com/politics/2018-10/16/c_1123563608.htm

的能量。我们要敞开胸怀，向他人学，向历史学，向外国学，从历史中汲取人生智慧。中华优秀传统文化具有强大生命力和持久的穿透力，一个很重要的原因就是注重汲取一切优秀文化的成果，兼收并蓄，使之历久弥新。从某种程度上说，中华优秀传统文化发展史就是中华民族在改造自然和改造社会的过程中不断自我创造、自我发展、自我革新的历史。

2013 年 5 月 4 号，习近平总书记在和各界优秀青年代表座谈时着重谈了青年为什么要学习、如何学习的问题，他引用典故“学如弓弩，才如箭镞”来阐明学习的重要性。其原文是这样的：“学如弓弩，才如箭镞，识以领之，方能中鹄”（《尚识》），意思是说学问是用来发力的弓箭，才华是用来穿刺的箭头，见识是用来指引方向的靶子。其实它阐明了才、学、识之间的辩证关系。有了弓和箭，是不是就一定能射中靶子？不一定，还得有正确的方向。所谓方向就是目标，见识是用来做引领用的，用来确定射箭的目标，目标的确立需要建立在一定学识的基础上。有了明确的目标，再引弓发力，射出去的箭才能命中目标，如果加上强弓的推力，就能刺穿靶子，这叫一举中的。见识是引领，学识是底蕴，才气是锋芒，三者缺一不可，各有侧重但又不能相互分离，没有见识引领，学习就会失去目标，没有学识做底蕴，学问就会显得浅陋，没有才气做锋芒，就难以脱颖而出，这就是学、识、才之间的辩证关系。学、识、才的关系，学习是第一位的，学习多了就会增长才识，才会才高八斗，学富五车，如《论语》中论述学习和思考的关系“学而不思则罔，思而不学则殆”，其实也是学和才关系，两者不可偏废。有很多文学评论家对其做过探讨和分析，如清朝文学评论家袁枚，唐朝历史学家刘知几都探讨过才、学、识之间的关系。有学无才，就好比家有良田万顷，但是若不会耕种，不会经营，也无法收获足够的粮食。有才无学像什么呢？叫英雄无用武之地，就像空有一身好本领，但是没有施展才华的地方，最终也只能是一事无成，最多也只能是怀才不遇。[①] 因此，才和学之间是相互依偎，相辅相成

① 《平“语”近人——习近平总书记用典》解说词（第八集）腹有诗书气自华［EB/OL］. http://www.xinhuanet.com/politics/2018-10/16/c_1123563608.htm

的，缺一不可，不能有所偏倚。但在现实生活里，有些年轻人更看重才气，甚至养成恃才傲物的骄气，年少轻狂的才子气，受不了挫折，坐不得冷板凳，不能脚踏实地干实事，往往造成为才所困的悲剧。如方仲永，本是个神童，因其父亲短视，把他当成敛财的工具，中断了继续学习深造的机会，最终落得“泯然众人矣”的结果，沦落为普通人。所以光有好苗子还不够，还离不开后天的习得，就像今天的“童星”现象，小小年纪就忙着接广告、拍戏，而没有把主要精力放在学习上，造成这些人没有成年就江郎才尽了。王安石借方仲永的例子告诫年轻人切不可单纯依靠天资而生存下去。天资固然重要，但后天勤奋学习同样重要，两者合在一起变成合力才能使人走得更远。西方有谚语：独行者走得快，但一群人走得更远。现代社会知识日新月异，知识更新换代很快，发现新问题，探究新知识需要后天不间断地学习，不是单单靠天赋就可以达到的。如果长期脱离社会，脱离时代，必将被时代淘汰，鲁迅说：“哪里有天才，我是把别人喝咖啡的工夫都用在工作上的。”马克思说：“在科学上没有平坦的大道，只有不畏劳苦沿着陡峭山路攀登的人，才有希望达到光辉的顶点。”这说明即使是伟人、科学巨人，他们的成功也得益于刻苦学习，潜心钻研，马克思几十年如一日在图书馆刻苦钻研，座位下的水泥被磨出了深深的脚印，没有刻苦学习，马克思也难以成为思想的巨人，马克思主义就是在充分吸收前人思想成果的基础上形成的，如德国古典哲学、英国古典政治经济学以及空想社会主义，渊博的思想、深刻的洞察力来源于日积月累的学习积累，淬炼为思想的利箭，学习的强弓。

再举一个中国人的例子，李白自称“谪仙人”，“谪仙人”原指神仙被贬入凡间，引申为才情高超，清新脱俗。李白用“谪仙人”来表达自己的聪明智慧，但他并不是一生下来就学富五车、才高八斗的，更不是从小就“落笔惊风雨”“下笔如有神”的。众所周知，关于李白有一个铁杵磨成针的故事，相传李白在山中读书时，书还没读完就想放弃离去，路过小溪，看见一个老婆婆在磨铁杵，李白好奇地问她做什么，老婆婆回答说，要把它磨成针，李白反问道，铁杵磨成针，能行吗？老婆婆说了一句名言：“只要功夫深，铁杵磨成针。”李白深受感动，回到山上踏踏实实念书，最终完成了学业。试想如果李白半途而废，恐怕就没有李白诗仙的地位，也不可能“斗酒诗百篇”，甚至有可能会是第二个方仲永。李白说自己“五岁诵六甲，十岁观百家”，通过后天扎实学习，再辅之以汪洋恣肆的天赋，才做到了天赋与才学的完美结合。如上文所提及的，才华是箭镞，箭镞很锋锐，具有穿透力，很容易引起大家的重视，容易吸引别人的目光。但是需要注意的是，箭的射程不是取决于箭头的锐度，而是取决于弓的张力，没有强弓的推力，箭飞不了多远就要掉落下来，就像方仲永一样，如果再辅之以见识的引领，方能一箭中的。挽弓当挽强，学习当自强，学识决定了弓弩的强度，只有挽得一张强弓，箭才能射得越远，没有强弓的推力，再锋利的箭也只能折戟沉沙。《三字经》讲，玉不琢不成器，人不学不知义，就是强调后天磨砺对成才的重要性，如切如磋，如琢如磨，没有切和磋，没有琢和磨，玉不会成器，人不会成才。从马克思主义的角度来讲，人的才能属于社会性获得，是后天努力的结果。

二、业精于勤而荒于嬉

“人非生而知之者”，在这个世界上没有绝对意义上的天才，没有谁生而知之，必须靠后天习得，印度狼孩就是典型的例子。正因如此，我们才强调刻苦学习、终身学习的重要性。学习不能一劳永逸，人生要不断充电，正如习近平总书记说的那样，要把学习作为人生的态度，作为永恒的价值追求。只有这样，我们才能在人生的旅程上越走越远，道路才会越走越宽。必须承认，我们中绝大多数人都不是天才，甚至有些愚钝，换句话说，我们那个“箭镞”没有那么锋利，但是我们可以努力学习，增加知识的张力，让自己的“弓弩”变得更有力量，这样射出去的箭才具有穿透力，就像高手过招一样，功力深厚可以做到飞花摘叶，重剑无锋，箭镞穿透力的强弱取决于挽弓的力量，学问的深厚取决于学习的深度和强度。

“学习是文明传承之途、人生成长之梯、政党巩固之基、国家兴盛之要”[①]，学习是中国共产党人战胜艰难困苦的制胜法宝，也是一个政党成长进步的阶梯。

① 人民日报评论部. 习近平用典（第二辑）[M]. 北京：人民日报出版社，2018：143.

中国共产党自成立之日起就不断加强学习，向马克思主义经典著作学习，向苏俄学习，向群众学习，用毛泽东的话来讲叫甘当小学生。早在延安时期，毛泽东就提出“改造我们的学习”，到执政之初，面对一穷二白的新中国，面对从零开始的工业化基础，提出“我们必须学会自己不懂的东西”，到改革开放，我们打开国门就是向他人学习，向先进学习，再到新世纪新阶段的“在全党大兴学习之风”，我们党在每一个重大历史关头，面对新任务新挑战，总是号召全党加强学习，用学习来作为克敌制胜的法宝，克服面对未知领域时出现的本领恐慌。经过不断的学习热潮，推动了党和人民事业的大进步大发展。列宁说：“只有了解人类创造的一切财富以丰富自己的头脑，才能成为共产主义者。”共产党人只有不断加强学习，才能做到与时俱进，只有提倡学习，营造学习氛围，我们的党才能永葆生机和活力，才不会被时代淘汰。我们党的先进性和纯洁性不是一劳永逸的，过去先进不等于现在先进，现在先进不等于永远先进，只有通过不断学习，接续学习，我们的党员干部才能“强身健体”，补足精神上的“钙”；也只有加强学习，我们的党员干部才能强化对四个自信的认识，坚定共产主义理想信念，提高人生修养、党性修养。我们党一直是一个重视学习的政党，我们国家是一个注重学习的国家，我们的民族一直是一个注重学习的民族，从新中国成立之初的“一穷二白”到今天全面建成小康社会，靠的是不断学习，我们要建成社会主义现代化强国，也要靠不断学习。古代圣贤历来讲究修身齐家、为政以德，在古人看来，立德、修身、读书、明志不但是安身立命的根本，更是仁政的基础。习近平总书记指出，在现代政治文明中，领导干部的能力来源于不间断地学习，“领导干部的人格力量对于做好领导工作越来越重要，而人格力量的形成很重要的途径是读书学习”[①]，领导干部带头学习，少应酬，可以有助于营造风清气正的政治环境。

面对党情、国情、世情的深刻变化，特别是在攻坚阶段，面对改革发展的艰巨性、复杂性，面临四大风险和四大考验，我们存在本领恐慌，要有忧患意识，

---

① 人民日报评论部. 习近平用典（第二辑）[M]. 北京：人民日报出版社，2018：143.

学习对我们显得尤为重要。对一线领导干部来讲，要常充电、常学习，多学新方法，少用老方法，慎用硬方法，不要一遇到重大问题就“本领恐慌”。一些领导干部在工作中出现这样那样的问题，既是工作能力的问题，更是工作方法问题。那是因为有些领导在平时放松了学习，没有跟上时代前进的步伐，思想和方法停留在过去，在处理问题时显得力不从心。学习使人进步，只有好好学、努力学，在学中干，在干中学，我们的能力才能跟上时代的变化，应对新挑战。只有不断追梦，努力筑梦，才能最终圆梦，唯有不断进步，勇攀高峰，中华民族伟大复兴中国梦的目标才能梦想成真，“两个一百年”奋斗目标才能最终绘就。用习近平总书记的话来讲，中华民族伟大复兴不是敲锣打鼓就可以轻轻松松实现的，“中国梦”的圆梦过程，是中国共产党带领中国人民不断学习、不断进步的过程，也是中华民族不断发展壮大，从站起来、富起来到强起来的历史发展过程。

习近平总书记说他最大的爱好是读书，但书里的东西不一定都正确，存在水分，要挤掉水分就必须把学到的知识运用到实践中，与群众结合，在实践中、在群众工作中检验学到的知识，把书本知识变成自己的真知识、实知识和硬知识，而不是充当脸面的“浮知识”。有这样一个故事，1969 年，热情的梁家河村民去帮知青提行李，村里有个精明的后生专门挑了一个小箱子提着，结果，没到半路就提不动了，在中途歇息的时候，他特意试了别人的大箱子，结果发现远没自己的重，这才发现上当了。当时他嘀咕这箱子里装的是不是金银财宝？其实根本不是金银财宝，而是无价之宝——满满一箱子的书，而这个箱子的主人正是当时不满 16 岁的习近平。这是年轻的习近平带到梁家河的精神食粮，也是他日后的精神财富。梁家河的乡亲回忆起当年习近平在村里那七年的时光，都竖起大拇指点赞，都说这个后生特别爱看书，特别爱学习，每天干完繁重的农活之余，利用晚上的空余时间，就着窑洞里昏暗的煤油灯看书。因为当时煤油灯亮光不够，如果放大一点，就会产生浓浓的黑烟，通常学习一个晚上，第二天起来，脸和鼻孔都是黑的，可以看出当时习近平同志学习的刻苦，差不多到了忘我的程度。正是这些精神财富丰富了习近平总书记的知青生活，使他的七年知青生活变得异常充实。在当知青时，习近平针对当时梁家河文化水平比较落后的情况，鼓励和带动大家一起学习，通过办扫盲班提高大家的识字率。当时梁家河文化程度低、文盲半文盲占绝大多数，他看到这种情况后，立志改变这种状况。他想了很多办法，从最基础的字开始，制了一些文字卡片，从汉字“一二三四五六七八九十”这些简单字学起，然后是“大人、小孩、爸爸、妈妈、爷爷、奶奶”，从这些老百姓日常用字慢慢教起，逐渐地提升了梁家河老百姓的识字率，提升了整个村子的文化水平。①

好习惯养成于年轻时，一丝不苟的学习态度来源于习近平总书记当知青时养成的习惯且一直伴随着他，无论是在梁家河当知青还是当了国家领导人，学习一直是他最大的兴趣爱好，甚至到了一物不知便深以为耻的程度。七年知青生涯不仅磨炼了他的意志，而且增长了他的才干，这为他后来报考大学打下了扎实的基础。正是凭着百折不挠的精神、勤奋学习的劲头，凭着能吃苦、敢吃苦的精气神，使他在艰苦的环境中脱颖而出，成为当地老百姓口中称赞的好后生。读书改变了他的生活，学习改变了他的命运，1975 年，他获得了到清华大学读书的机会。大学毕业后，他仍然选择到基层、到条件艰苦的地方去锻炼，从注重书本学习迈向注重向实践学习的阶段，重视总结经验，把实践提升为书本知识，把书本识记知识与实践体验知识结合起来。无论是当县委书记、地委书记还是主政福建、浙江等地，包括后来成为党和国家领导人，读书学习的爱好一直未曾放弃，学习成了他生活习惯的一部分。习近平总书记在担任中共中央总书记和国家主席后，虽然政务繁忙，日理万机，但是读书学习的习惯未曾改变，总是抽时间学习，他还带领政治局的成员集体学习，把学习变成一项政治任务。习近平总书记的学习成长经历不断激励和鼓舞着我们，特别是党员干部，要时刻有本领恐慌的意识，无论政务有多忙，无论职务有多大，学习都不能放松。无论个人还是政党，群众还是干部，逆境还是顺境，学习都至关重要。学习止步，工作能力就会慢慢停滞不前，生命不息，学习不止。

---

① 《平“语”近人——习近平总书记用典》解说词（第八集）腹有诗书气自华［EB/OL］. http://www.xinhuanet.com/politics/2018-10/16/c_1123563608.htm

三、独学而无友，则孤陋而寡闻

怎么学呢？不但要苦学、勤学、还要巧学。2014 年，习近平总书记在参加纪念孔子诞辰 2565 周年国际学术研讨会上引用了《礼记·学记》中的话来阐述学习方法的重要性：“独学而无友，则孤陋而寡闻”，这就是大家熟习的成语“孤陋寡闻”的来源，它涉及学习的方法论问题，涉及学习态度和学习结果。怎样才能学得好呢？要是学习方法不对，又会出现什么情况呢？可能性有很多种，其中一种情况就是个人独学，结果是孤陋而寡闻，变成井底之蛙。什么叫独学？独学就是一个人学，闭门造车，既不与他人探讨也不借鉴吸收，而是一个人苦思冥想，会产生两种结果：一是浅陋，即见识浅薄，学不深，渗不透，甚至还可能走弯路，别人早就研究透了的问题你还在那里苦思冥想；二是寡闻，就是见识不广，不知道外面的学术世界、学术前沿，自己玩自己的。一个人既学识浅陋又目光短浅，就很容易限制自己的思路，成为井底之蛙，变得夜郎自大，故步自封，最终走不出自己的圈子。如何解决这个问题，就要集思广益，广交朋友，多与同行交流，进行横纵向比较。但这里所谓的广交朋友，是多交益友，少交损友，就像孔子所说的那样，友谅，友直，友多闻，就是说要和诚信、正直和博学的人交朋友，以开拓我们的眼界。牛顿说，如果说我看得比别人更远些，那是因为我站在巨人的肩膀上。“巨人”尚且如此，更何况我们呢？只有集思广益才能博学多闻。今天我们进入了信息化时代，学习的方式更加多样和便捷，学习的内容更加丰富，不用负笈远行，甚至不用当面请教，很多学习都可以放在网上进行，只要你肯学、想学、愿学，处处皆学问，正因如此，我们才要格外珍惜这个时代赐予我们的机会。怎么利用这个机会？现在的学习很多是自主学习，可以真学，也可以假学，可以浅学也可以深究，尤其网络学习缺乏监督，容易在学习的过程中鱼目混珠。你是上网玩游戏还是上网查资料，你是在网上追剧还是学知识，在很大程度上由学习者自己做主，今天的互联网把世界知识连成一个体系，使知识在世界范围内快速传播，你可以与世界范围内志同道合的朋友打交道，在与他人交往的过程中不断学习、不断进步、不断成长，在学习的过程中加强理性思考，增加自己的知识储备，这样才能不辜负这个美好的时代。总之，“独学而无友，则孤陋而寡闻”，我们要以更加务实开放的态度对待人类创造的一切优秀文明成果，无论是古代的还是现代的，无论是中国的还是外国的，各有特色，各有千秋，我们都应该采取兼收并蓄、包容互鉴的态度，批判汲取其中的有益部分，洋为中用，古为今用，并对之进行创造性转化和创新性发展，使之与我国国情相结合，与我国现代化建设相结合，把超越国度、跨越时空、具有永恒魅力的优秀传统文化弘扬和发展起来。

四、把牢定盘星，锤炼金刚钻

如何加强学习、建设学习型政党，以提升执政能力？唯有努力学习。怎么学，三个方向：一是学习马克思主义经典著作，以提高世界观和方法论；二是学习各种专业技能，增强工作能力；三是学习我国优秀传统文化，提升文化品位。唯其如此，才能丰富自己的理论素养，增长知识才干，塑造高尚人格。因此，我们必须做好三样事：把牢定盘星，锤炼金刚钻，守护传家宝。

第一，把牢定盘星。把牢定盘星是指理想信念要坚定，只要确定了目标就要心无旁骛，不抛弃、不放弃，不达到目的不罢休。习近平总书记反复强调党员干部要好好研读马克思主义经典原著，这是中国共产党人的“圣经宝典”，是中国共产党人的传家宝，要读透读懂，这是我们世界观和方法论的来源。因为从人类思想史上看，就其科学性、真理性、传播力而言，没有任何一种理论能够像马克思主义那样广泛而深刻地改变世界，也没有哪种理论能够达到它的高度，就连一些反对他的人也感叹马克思主义理论的魅力，所以我们党员干部一定要读好它。

第二，锤炼金刚钻。没有金刚钻，不揽瓷器活。真揽瓷器活，就得有几把刷子。我们常说书到用时方恨少，那是因为金刚钻没有炼好，平时没有积累，到关键时刻就撂挑子了。为何不在用到之前赶紧读抓紧学呢，以提高自己的知识储备，为揽活做准备。从 2013 年至今，习近平总书记每年发表新年贺词，在他的贺词里，经常引用经典名句，古今中外都有涉及，这与他平时学习积累有很大关系。有物为证，在他身后偌大的书架上摆着各种各样的书籍，涵盖了政治、经济、文化、社会、历史、生态等各类书籍，如《宋词选》《诗经》《21 世纪资本论》等。从这些书目可以看出，他是在汲取了古今中外优秀文化精华后才能够出口成章、妙语连珠的，并对它们进行创造性转化和创新性发展，把它转变成治国理政的远见卓识。

第三，守护传家宝。所谓守护传家宝就是要读原著，读经典，读那些被时间沉淀下来具有历史穿透力的有永恒时代价值的经典书籍，而不是读简介、读简本，别人吃过的东西，吐出来就没有原汁原味了。经典是智者思想智慧的结晶，品读经典是与智者对话，与巨匠交流。阅读经典也是一种再创造的过程，能够激活经典里面沉睡的思想智慧。因为经典接受了历史的甄选，是时间的沉淀，历史的积淀，包含了大量值得今天借鉴的思想价值，读史、读经典，可以把其中有用的价值迁徙到今天的社会生活中。读经典也是重温过去的历史，提取对当代有用的思想智慧，把它变成现代社会和文化生活的一部分。品读经典是解读历史、理解社会万象的一把金钥匙，开启了走向进阶之门。

可以说，中华优秀传统文化是习近平新时代中国特色社会主义思想的重要来源之一，也是习近平总书记本人语言魅力大放异彩之处，形成了独具魅力的“习语”，引经据典彰显其文化底蕴，如“不要人夸颜色好，只留清气满乾坤”（《墨梅》），彰显了中国作为一个负责任大国踏实肯干的精神，体现了大党大国的自信和而今迈步从头越的淡定从容；一句“乘风好去，长空万里，直下看山河”（《太常引·建康中秋夜为吕叔潜赋》），体现了中国特色社会主义事业正劈波斩浪，扬帆济海。广大青年要乘着新时代的长风，在为祖国奉献的过程中放飞青春梦想，共同享有人生出彩的机会，共同享有梦想成真的机会，共同享有同祖国和时代一起成长和进步的机会。[①] 习近平总书记讲话中的经典名句看似信手拈来，实则是他不断学习积累的结果。可以说，习近平总书记在用他的言行身体力行地为中华优秀传统文化代言。

① 本书编写组．毛泽东思想和中国特色社会主义理论体系概论［M］．北京：高等教育出版社，2021：209.

道不可坐论，德不能空谈。学习是渐进的过程，必须步步为营，稳扎稳打，来不得半点虚假。在理论上多探究，实践上多探索，把理论指导和实践探索结合起来，既不空谈也不盲从，在知行合一上下功夫，把学习当成自觉行动。2014年5月，习近平总书记在北京大学师生座谈会上中引用《礼记》中的“博学之，审问之，慎思之，明辨之，笃行之”来谈怎么学习，这里包含了五种学习方法和学习态度。五者是递进关系，先是博览群书阶段，其次就是提问题，再是思考和明辨是非，最后才是笃行。所谓博学，就是广泛地汲取知识，广为占有；所谓审问，就是反复地追问；所谓慎思，就是甄别思考，就是深层次的探索；所谓明辨，就是分清是非对错；所谓笃行，就是坚决地执行。这是学习进阶的五个阶段，也是提升学问的五个层次，彼此之间是递进的关系，切不可中断或者半途而废。“笃行”是做学问的最高阶段，就是把学问落到实处。学以致用，也是一切学问真正的出路。只有从学习上下功夫，在实践上多探索，在笃行上下狠功夫，有韧劲，有恒心，我们的人生，才容易出彩，求学的目的才能达到，我们的学问才能发挥最大价值，实现时代价值的转换，而不是照抄照搬地读书，停留在只学不做的阶段。做学问和做人是相通的，学品如人品，其实，这五种求学的方法不仅是治学之道，也是人生之道，我们面对诱惑很多，需要一双慧眼，如何做到呢？需要博学、审问、慎思、明辨，认识和发现真理，把真理变成认识和改造世界的有力武器，这就是新时代青年应有之态度，也是新时代对青年的期望，把做人和做学问结合起来，做生活和事业的大赢家。

常言道：“工欲善其事，必先利其器。”对于学习者来说，我们要找的这个利器，就是行之有效的学习方法。有了好的学习方法，就能事半功倍。学习的最高境界是“众里寻他千百度，蓦然回首，那人却在灯火阑珊处”（《青玉案·元夕》），要达到这个境界绝非易事，概括起来就是“学用结合，知行合一”八个字，就是要把学到的知识用到实践中，用来改造我们的生活，改造我们的主客观世界。如何理解这八个字？知识是实践经验的总结，是用来改造社会和改变生活的，诺贝尔奖得主屠呦呦就是这样一个典范。1967年，为了消除我国南方肆虐的疟疾，也为了支援广大亚非拉国家的医疗事业，毛主席和周总理指示以军工项目的名义成立研究小组，研发抗疟的新药。1969年，时年39岁的屠呦呦参加到项目中来，她大量查找和阅读中医古籍，对之进行挖掘甄别，提炼出对自己有用的东西，又在实践中一遍又一遍的探索，在1971年底，屠呦呦发现青蒿素提取物能对疟原虫实现100%的抑制，从而研发出抗疟新药，实现了学以致用的目标。要是没有学习，没有研究借鉴，每代人都要从零开始，这样人类就无法进步。1981年，世界卫生组织高度评价了青蒿素对世界的贡献，特别是对第三世界国家的贡献。有一位记者问屠呦呦，一般的研究是因为战争需要，现在青蒿素用来救命，问她有什么感想？屠呦呦说，我很高兴，作为一名医药科技人员，我们就是要为人类健康服务。屠呦呦的目标很明确也很简单，就是为了学以致用，就是用学识回报社会。医学是为了解除人类病苦的，是为人类谋幸福的，用好它是为了更好地改造社会，服务社会，这就是学用结合，知行合一。如何做到知行合一，就是要苦学、会学，就是要善于学习、享受学习、聚焦学习，要学而思、思而信、信而行。

我们今天所处的新时代，比历史上任何时候都更接近中华民族伟大复兴的目标，比历史上任何时期都更有信心、更有能力实现这个目标[①]，从奋力追梦到艰难筑梦再到最终圆梦，这是一个曲折的过程。今天，中华民族迎来了重大历史机遇，我们要抓住这个机遇，正如邓小平所说，“不搞争论”，抓住机遇，抓住千载难逢的机会。我们的国家要发展，我们的民族要复兴，中国特色社会主义事业要兴旺发达，需要抓住时机，一跃而上。青年有理想，民族有希望，国家有力量，我们必须大兴学习之风，要用扎扎实实地学习来为实现中华民族伟大复兴的中国梦铺就一条进阶之路。

---

① 习近平谈治国理政（第一卷）[M]. 北京：外文出版社，2018：35-36.

第二节 “咬定青山不放松”的矢志不渝理想

一、志合者，不以山海为远

理想正是因为其远大我们才把它称之为理想，信念正是因为其坚定执着我们才称之为信念。只要一个国家、一个民族或者一个人拥有了坚定的理想信念就会有坚不可摧的意志、砥砺向前的勇气和源源不断的动力。“志合者，不以山海为远，道乖者，不以咫尺为近”（《抱朴子·博喻》），我国历史上涌现出很多有志之士，他们心怀民族、心怀国家、心怀人民，保持一颗炽热的赤子之心，他们不仅有“苟利国家，不求富贵”的志向，也有“先天下之忧而忧，后天下之乐而乐”的宽广胸怀，还有“一寸赤心惟报国”的豪情壮志，等等。青年是国家的希望，青年兴则国家兴，在综合国力竞争日益激烈的今天，我们不仅需要有更加深沉而热烈的爱国情怀，还要有更加忠诚干净的政治品格以及更加远大的理想信念，用青春奋斗诠释使命担当，勇担时代重任，践行爱国之志。

新思想引领新时代，当代青年的远大理想应自觉和社会主义核心价值观紧密结合起来，善于从中华民族优秀传统道德中汲取精华，强化自我修炼，勇于树立“以天下为己任”的远大抱负，胸怀“勇做新时代弄潮儿”的豪情壮志，坚守“惟其艰难更知勇毅”的持久恒心，做到以实现中华民族伟大复兴为己任。清代著名书画家郑板桥曾作咏竹的题画诗：“咬定青山不放松，立根原在破岩中。千磨万击还坚劲，任尔东西南北风”（《竹石》）。郑板桥通过竹子来表达坚韧不屈的理想信念。习近平总书记特别喜欢郑板桥的这首诗，他年轻的时候曾经在梁家河插过队，在艰苦的环境中锻炼过，对这首诗记忆犹新，有特别深刻的体会，后来他曾经写过一篇文章，对这首诗的前两句进行了简单的修改：“深入基层不放松，立根原在群众中”，通过这首改编的诗句来表达党员干部要紧紧扎根到群众中去，深入基层，扎根群众，扎根到艰苦的地方，树立以人民为中心的理念。①

矢志不渝、坚韧不拔的精神是干成大事的前提条件，在长征途中，三名红军女战士借住在徐解秀老人家，临走前，她们将身上仅有的一床被子剪下一半留给了老人。后来徐解秀老人反复说，什么是共产党？共产党就是哪怕自己只有一条被子，也要剪下一半分给人民群众。正如郑板桥的诗句，中国共产党立根在艰苦的环境中，立足群众，与群众打成一片，拥有坚定的共产主义理想信念，不管面临任何艰难险阻，始终坚持不懈，才有了克服重重困难的勇气，才有了中国共产党人的今天。不管是顺境还是逆境，始终坚守共产党人的理想信念，是共产党人安身立命之本。正是由于无数共产党人拥有坚如磐石的理想信念，才能够在革命战争年代前赴后继，发扬长征精神、延安精神、抗战精神、红岩精神、西柏坡精神，勇往直前，即使牺牲生命也无怨无悔；才能够在新中国建设时期，在一穷二白的基础上自力更生，艰苦创业，发扬抗美援朝精神、“两弹一星”精神、雷锋精神、焦裕禄精神、铁人精神、北大荒精神，为建立独立完整的国民经济体系和工业体系无私奉献；也才能够在改革开放的新时期，勇立潮头、锐意改革，用“航天精神”“抗洪精神”奋力追赶，迎来了强起来的时代。也正是由于有了如此伟大而坚定的理想信念，我们伟大的中国共产党才能够从一个胜利走向另一个胜利，带领中国人民推翻三座大山，建立新中国，进行轰轰烈烈的社会主义改造，以大无畏的气概开启改革开放，为中国人民谋幸福、为中华民族谋复兴建立了不朽的功勋！

二、志之所向，无坚不摧

习近平总书记曾生动地把理想信念的三个问题比作“三根钉子”，他说，抓落实就好比在钉钉子一样，假如钉不到点上，钉子就会打歪；如果钉到了点上，但只是钉一两下，钉上的钉子不稳固，依旧还是会掉下来。怎么样才能把那颗钉子钉好呢？

---

① 《平“语”近人——习近平总书记用典》解说词（第十一集）咬定青山不放松［EB/OL］. http://www.xinhuanet.com/politics/2018-10/19/c_1123580616.htm

我们逐一来看，首先是“第一颗钉子”，要钉到点子上，就是钉钉子要有目标，换句话说就是知道钉子钉到哪里，引申为人要有理想信念。人为什么要有理想信念呢？或者说理想信念的重要性体现在哪里呢？目标就是指路明灯，理想信念简单来说就是人的志向。古人云：“志之所趋，无远勿届，穷山距海，不能限也。志之所向，无坚不入，锐兵精甲，不能御也。”这句话的意思为：如果一个人心怀高远的志向，再遥远的彼岸也能够达到，再坚固的屏障也能突破，再艰巨的困难也能克服，说的是意志力的问题，用马克思的话来讲就是充分发挥人的主观能动性。

人的志向究竟能够高远到什么程度呢？有一个词语叫志存高远，即上面说的“无远勿届”，无远勿届是一个成语，有时候也表达为“无远弗届”，这句话的原文为“惟德动天，无远弗届”，出自《尚书》，含义为只有德行可以感天动地，再远的地方也能达到。当然不仅仅是德行，志向也拥有这样巨大力量。远到什么样程度呢？“穷山”和“距海”，可以翻山越岭，跨江达海，也就是常说的天之涯，海之角。只要志向坚定，可以逢山开路，遇水架桥，如青藏铁路的开通，港珠澳大桥的修建。哪怕到了山穷水尽的地步，只要意志坚定，山和海都阻挡不了前进的脚步。所以志向的高低，意志力的大小，决定了一个人事业的成败。

“志之所向，无坚不入，锐兵精甲，不能御也。”讲的是志向的韧度和强度，强调的是恒心和毅力，即“无坚不入”或者“无坚不摧”的由来，意思是没有什么东西可以不被攻破，即使是用来防御的精兵锐甲。精兵是什么？精兵是尖锐的兵器；锐甲是什么？锐甲是精良的铠甲，意思是说没有什么可以阻挡得了志向的力量。志向是开路先锋，就是精气神，往大说就是理想的锋芒，往小说就是个人的意志力。怀揣理想，确定目标，咬定青山不放松，才能够有决心、有魄力、有勇气，才敢于去做那些一般人觉得难以想象的事情。

《后汉书·耿弇传》有这样一个故事。西汉末年，天下大乱，21 岁的耿弇去投奔南阳的刘秀，追随刘秀起兵反抗王莽，但耿弇当时只是一个小伙子，并不被刘秀看在眼里，可是，耿弇因为有了坚定的志向，做事有锐气和勇气，在一次战斗中，他的腿被敌箭所伤，随即抽出佩剑来，直接把箭砍断，继续战斗。因为他这种视死如归的精神，耿弇在战场上经常取得胜利，成了常胜将军，辅助刘秀平定了天下，最后所有的目标都实现了。后来刘秀感慨地对耿弇说：“有志者事竟成也”，这就是我们常说的“有志者事竟成”这句成语的由来。当然不仅仅是耿弇，还有我们非常熟悉的卧薪尝胆的勾践，奋发著书的司马迁，闻鸡起舞的祖逖，他们之所以能够成就其他人成就不了的事业，就是由于他们拥有伟大志向，并能够为之付出艰苦的奋斗！①

无论在革命战争年代，还是今天的改革开放时期，人都要有理想志向，有坚定的意志去为之努力奋斗，这样的人生才能够无远弗届，无坚不入，才能够取得成功！在我国革命、建设、改革的每个历史阶段，无数人舍生忘死，战天斗地，为党和人民事业做出了巨大的牺牲，支撑他们的就是“革命理想高于天”的无所畏惧的理想信念。八十多年前，有一群英勇的战士，四渡赤水，飞夺泸定桥，爬雪山、过草地，一步一个脚印，前有埋伏，后有追兵，在前进中忍受着严寒、缺氧、饥饿、死亡的威胁，是什么让他们舍生忘死、勇往直前？就是信念。电影《勇士》就是描写了这样的一个场景，虽然他们很多人不知道自己能否活着走出草地雪山，但他们的信念只有一个，即使自己倒下了，还有后面的人继续下去。用习近平总书记的话来说，心中有信仰，脚下有力量；没有牢不可破的理想信念，没有崇高理想信念的有力支撑，要取得长征胜利是不可想象的。② 所以，我们说长征是举世壮举。这个壮举不仅是军事史上的壮举，也是人类毅力史上的壮举。长征不仅是军事上的战略转移，更是理想信念的长征，即毛泽东说的，长征是宣言书，长征是宣传队，长征是播种机。由于有了这样的理想信念，我们在茫茫无际的戈壁上筑起了航天城，把天路修到了青藏高原，突破技术封锁，在罗布泊升起了蘑菇云。从百废待兴到河清海晏，短短的几十年时间，没有坚定的理想信念，要取得这样的成绩是不可能的。所以，理想信念是希望，是种子，是无坚不摧的力量，是改变世界的推进器。

---

① 《平“语”近人——习近平总书记用典》解说词（第十一集）咬定青山不放松［EB/OL］. http://www.xinhuanet.com/politics/2018-10/19/c_1123580616.htm

② 习近平谈治国理政（第二卷）［M］. 北京：外文出版社，2017：49.

三、位卑未敢忘忧国

中华优秀传统文化博大精深，正确领会其中的精髓，对大家树立正确的世界观、人生观、价值观很有裨益，如范仲淹“先天下之忧而忧，后天下之乐而乐”的政治抱负，林则徐“位卑未敢忘忧国”“苟利国家生死以，岂因祸福避趋之”的家国情怀，孟子“富贵不能淫，贫贱不能移，威武不能屈”的浩然正气，文天祥“人生自古谁无死，留取丹心照汗青”的不屈情怀等，无不呈现着璀璨的世界观、人生观、价值观，都值得我们去继承和弘扬。

习近平总书记号召全党要有理想信念，他尤为重视党员领导干部的理想信念，把它比喻为身体的“钙”。从他的讲话中常能聆听到不少耳熟能详的名言警句，引经据典，引用中华优秀传统文化阐明要义，如习近平总书记曾引用南宋诗人陆游的“位卑未敢忘忧国”来阐明爱国的道理。陆游是一位伟大的爱国主义诗人，生活在宋金对峙的时代，一生渴望收复失地，但南宋政权懦弱，没有勇气北伐，作为主战派，陆游一直毛遂自荐，主动请缨，但不被朝廷重用，甚至一再被贬官。《病起书怀》是他在贬官之后所作，期间又经历了一场大病，但他感伤的并不是个人的际遇，而是国家的命运，是“但悲不见九州同”的伤感。虽然当时陆游是一个被贬罪臣，但不改远大志向，无论身处顺境还是逆境，都存有“位卑未敢忘忧国”的家国情怀。

不管是“位卑未敢忘忧国”的境界，还是“天下兴亡，匹夫有责”的情怀，都是理想情怀在个人身上的表现，正是因为这种责任与担当，才在艰难中挺起了中华民族的脊梁，这些精神值得我们后人永续继承和弘扬。“位卑未敢忘忧国”以及“天下兴亡，匹夫有责”，这样的报国心、报国情以及报国志，爱国是永远不会过时的，可以穿越时空的，无论是过去、现在还是将来，都需要这种强大的力量来支撑。在新时代的今天，我们已经没有了“位卑”的说法，每一个人都是国家和社会的主人，立足于自己的工作岗位发挥自己的聪明才智，为国家发展和民族兴旺贡献自己的力量。今天，我们的国家正努力创造条件让每一个人都能够拥有人生出彩的机会、梦想成真的机会，我们在做好自己的同时，不要忘记为国家贡献自己的力量。作为新时代的青年，我们既要仰望星空，具有远大的理想和目标，也要脚踏实地，做到立大志和落实小目标的统一。我们在工作岗位上，应该如何去实现这些目标呢？其实很简单，大志向可以分解为很多小目标，就是立足于我们的平凡的岗位，脚踏实地将每一件事认真做好，每一个人可以根据自己的实际情况树立理想，把个人理想与国家发展目标结合起来，三百六十行，行行出状元，不在于职位的高低，也不在于工作的好坏，只要肯干苦干，都可以干出一番事业来，干出名堂来。一个人树立什么样的理想，就会拥有怎样的人生高度、生活广度以及思想深度。对于中国共产党人来讲，树立何种理想和信念，决定着为人民服务的高度、深度和广度。

被称为“中国核潜艇之父”的黄旭华先生就是典型的例子，他干的是惊天动地的事，做的是隐姓埋名的人，把一生的时光都献给了我国的核潜艇事业。1988年，我国自主研制的核潜艇要到南海进行首次深潜试验。这个试验非常危险，潜艇上面一块扑克牌大小的钢板，在潜到水下数百米后，要承受巨大的压力，而整个潜艇长达100多米，任何一块钢板或者任何一条焊缝出了问题，都可能导致艇毁人亡的严重后果。作为总设计师的黄旭华从容镇定地从各个部门汇总起来的信息中进行谨慎思考，并做出判断和决策。当潜艇按照设定的程序达到既定的深度又上升到安全的深度，实验成功，潜艇上一片沸腾。这时有人问道：“黄老，当时您就不觉得害怕吗？”黄老回答：“怎么不害怕？但是害怕没有用，我是实验的总设计师，第一，我对它有足够的信心；第二，就算假如实验存在一定的风险，我也应该责无旁贷地和大家待在一起。”黄老先生就是这样勇担责任，默默无闻的人。当年选拔他参加国家核潜艇的科研项目时，上级领导是这么告诉他的，要时时刻刻准备着保守国防机密，任何时候都不能将你的工作任务和单位泄露出去；选择这个事业，就是选择了一辈子要隐姓埋名，做个无名英雄；只要进入到这个领域，你就要准备干一辈子，不能改变，如果犯了错误，也只能留在单位里，哪怕打扫卫生。就算是听到了这样的要求，黄老也是毫不犹豫地答应了下来，从此以后隐姓埋名三十年，几乎没有回过家。非不为也，实不能也。黄老也曾被家里的兄弟姐妹们一直埋怨着，指责他不要家，不知父母的养育之恩。对于亲人的误解，黄老只是默默忍受，他说能够对祖国尽忠，就算是对父母尽了最大的孝，这就是一位共产党员、一位科技工作者的理想。“自力更生、艰苦奋斗、大力协同，无私奉献”就是核潜艇精神，核心技术、国防高精尖科技，求不来、等不来、靠不来，必须自己弄，“自力更生、艰苦奋斗”，指的是我国核潜艇事业艰苦，没有外援，全靠白手起家，除了自力更生，艰苦奋斗，没有别的办法；“大力协同”指的是依靠社会主义制度的优势，全国一盘棋；“无私奉献”就是不怕苦不怕累甘于奉献的精神，甚至以苦为乐。经过一代代传承，演绎成今天的核潜艇精神，正是因为有这样的一种核潜艇精神，才成就了我们的国之重器，保卫祖国的蓝色疆土。[①]

四、咬定青山不放松

理想信念说起来容易做起来难，每当我们遇到失败、经历受挫时，是否意志动摇过，或者想一醉方休得过且过？切记，理想一旦树立就不要放弃，应时刻谨记在心，不忘初心，方得始终。如何坚持理想信念，要牢记这七个字，即“咬定青山不放松”。“咬定青山不放松，立根原在破岩中”，这是郑板桥的诗，郑板桥一生最爱画兰、竹、石，为什么呢？这与他的气节有关，与他的理想抱负有关。他认为这并非一般的兰、竹、石，而是“四时不谢之兰，百节长青之竹，万古不败之石”，因此他形容自己是“千秋不变之人”，什么叫千秋不变，就是保持气节，宁折不弯，其最核心的是顽强、坚韧和执拗。顽强体现在诗“咬定青山不放松”中的那个“咬”上，这个“咬”就是盯着目标，不管条件如何，不达目的不罢休。第二个特点，坚韧。坚韧体现在哪里呢？体现在“任尔东西南北风”中的“任”字上，把宁折不弯的气节表现得淋漓尽致。众所周知，竹子的生命力顽强，袁鹰在《井冈翠竹》写道，竹叶烧了，还有竹枝，竹枝断了，还有竹鞭，竹鞭砍了，还有深埋在地下的竹根。可见其生命力顽强，狂风来了，它坚挺着，暴雨来了，它还坚挺着，正是由于这种风吹雨打，千锤百炼，才造就了竹子坚韧不拔的

---

① 《平“语”近人——习近平总书记用典》解说词（第十一集）咬定青山不放松［EB/OL］. http://www.xinhuanet.com/politics/2018-10/19/c_1123580616.htm

精神，才有经霜傲雪、笑傲江湖的资本。任它风吹雨打，我自岿然不动，这才是拥有坚定理想信念的人的真实写照。

身处在新时代，我们要时刻准备好迎接各式各样的挑战，在前行的道路上，我们会遇到风雨，在改革的征途中，我们还会遇到暗流险滩，甚至重重困境和形形色色的诱惑，中国共产党作为执政党，我们的共产党人和领导干部，能否经得起重重考验，是否拥有坚毅的品格，还要看是否拥有坚定的理想信念。回到上面那句诗，人品如竹品，竹子将自己扎根在岩石之中，依旧保持坚韧挺拔，作为人也是一样的，要到艰苦的地方去锻炼和磨砺自己，只有经历风雨才能意志坚定，才能有“虽九死其犹未悔”的气概。作为执政党，一定要自觉地增强四个自信，坚定信念，保持政治定力，坚持走自己的道路。

我们要始终相信幸福是奋斗出来的，我们党始终相信命运掌握在自己手上，每一个中国人都应该胸怀理想，而且要付诸实践。今天的幸福生活是革命先烈用生命和鲜血换来的，是“杀了夏明翰，还有后来人”的义勇结晶，也是“取义成仁今日事，人间遍种自由花”的结果！今天的我们，不仅要享受这种幸福的生活，还要用汗水创造新的生活。今天的中国拥有无比广阔的发展空间，越来越接近世界舞台的中央，具有深厚的历史文化底蕴和无比坚定的文化自信力，坚持中国特色社会主义道路自信、理论自信、制度自信和文化自信，以“咬定青山不放松”的韧劲，既志存高远，又脚踏实地，这才是处在新时代的中国人应该有的态度和格局。

第三节　“撸起袖子加油干”的大干特干思想

一、绝知此事要躬行

党的十九大召开，开启了我国全面建成小康社会的新征程、新气象、新时代，同时也要有新作为。实干才能兴邦。实干是最响亮的誓言，也是赢得事业成功的重要保证。古人云："耳闻之不如目见之，目见之不如足践之"（《说苑·政理》），"纸上得来终觉浅，绝知此事要躬行"（《冬夜读书示子聿》），讲的都是实践的重要性。马克思说，一步实际行动比一打纲领更重要。说的都是同一个道理。理想要付诸实践，就是"行胜于言"。习近平总书记说："中华民族伟大复兴不是轻轻松松、敲锣打鼓就能实现的""幸福不会从天降""撸起袖子加油干"。这些话语，无不透露出习近平总书记对实践的重视，是马克思主义实践观的中国化表达，同时也是对马克思主义实践观的科学运用。我们中华民族是勤于劳动、善于创造的民族。正是因为劳动创造，我们拥有了历史的辉煌；也正是因为劳动创造，我们拥有了今天的成就。[①] 无论是全面建成小康社会，还是实现中华民族的伟大复兴，抑或在21世纪中叶把我国建成富强、民主、文明、和谐、美丽的社会主义现代化强国，这些宏伟目标的实现，从根本上来说都需要靠中国人民的劳动，在信息技术迅猛发展的今天更要靠创造性的劳动。

回望过去，在人类发展历程中，劳动始终是人类生活的主题。我们可以从古代文化中汲取智慧，《弹歌》有"断竹、续竹、飞土、逐肉"的描绘，刻画了我国远古时代劳动人民的狩猎劳动场面，唐代诗人杜牧的佳句："凿井而饮，耕田而食。"李坤的《悯农》："锄禾日当午，汗滴禾下土，谁知盘中餐，粒粒皆辛苦。"这些诗描述了劳动人民不辞辛苦的劳动状态，直到现在对大家还有深刻的教育意义：我们的一衣一饭都是劳动人民辛苦换来的。宋代诗人范成大的《四时田园杂兴》"新筑场泥镜面平，家家打稻趁霜晴。笑歌声里轻雷动，一夜连枷响到明。"生动描写了劳动人民通宵劳作的忙碌场景，同时也展现了农民们通过辛勤劳动后五谷丰登的愉悦心情。

革命导师马克思在《哥达纲领批判》中指出，在共产主义社会高级阶段上，在迫使人们奴隶般地服从分工的情形已经消失，从而脑力劳动和体力劳动的对立也随之消失之后；在劳动已经不仅仅是谋生的手段，而且本身成了生活的第一需

---

① "平语"近人——习近平的"劳动观"［EB/OL］. http://www.xinhuanet.com/politics/2017-05/01/c_1120892090.htm

要之后；在随着个人的全面发展生产力也增长起来，而集体财富的一切源泉都充分涌流之后，只有在那个时候，才能完全超出资产阶级法权的狭隘眼界，社会才能在自己的旗帜上写上：各尽所能，按需分配！① 劳动始终是人类生活实践中的必需品，如今，进入新时代的我们为什么仍然要重视实践，重视行动？是因为唯有实践才可以把宏伟蓝图变成美好现实，我们目前最大的实际是正处于并将长期处于社会主义的初级阶段，实现"两个一百年"奋斗目标，实现中华民族伟大复兴的中国梦，就需要全体中华儿女的共同奋斗，一起努力！天上从来不会掉馅饼，如果有，那也是陷阱，实现中华民族伟大复兴任重道远，需要每一个人努力持续奋斗。

有一句名言叫作"功崇惟志，业广惟勤"，就是说要想建立大的功业，一定要立大的志向，要想成就大的事业，一定要下功夫，要勤奋，要勤勉。所以，志向绝对不仅仅是随便说说或轻描淡写就可以实现的，实现志向需要付出艰辛努力，同时要注重笃行。所谓笃行就是持之以恒、坚持不懈地去做、去行动。缺乏奋斗精神和坚持不懈的努力是不会取得最后的成功的。志与勤，两者不可分离，只有志，没有勤，志只能停留在口头上，停留在不切实际的空想中。同理，缺少了志，勤也会失去方向，整天看似忙忙碌碌，其实成效甚少，没有效果，做了无用功。因此，志决定方向，可以起到引领作用，勤则是路径，是取得成功的动力，古人讲书山有路勤为径，学海无涯苦作舟，讲的就是勤。马克思说，只有不畏艰难险阻才能到达光辉的顶点，那些有大志者都是不畏艰险、具有百折不挠意志的人。没有意志，再近的目标也难达到。在通往成功的途径上没有平坦的大道，只有志高业勤者方能成其伟业。古人讲，要立长志，不要常立志，其实讲的就是恒心和毅力，大凡有成就者都是从立志开始的，人如果缺乏志向，很容易走弯路，如果没有恒心，则容易半途而废。古人还把立志与修行联系在一起，主张志向远大又脚踏实地。如三国时期的诸葛亮不但满腹韬略，还胸怀鸿鹄之志，他

① 马克思恩格斯选集（第三卷）[M]. 北京：人民出版社，1995：305-306.

无时无刻不在观察着天下大局，也正是由于他有一番远大的抱负，对天下、对局势有自己的理解与看法，然后才有刘备的三顾茅庐。大多数有识之士都是从小开始立志，祖狄闻鸡起舞、李密牛角挂书、岳飞的精忠报国等，都是胸怀天下与脚踏实地相结合的典范。

世上无难事，只要肯攀登。能够到达金字塔顶尖的除了展翅翱翔的老鹰，还有坚持不懈的蜗牛，很多人觉得奇怪，为什么是一只小小蜗牛而不是长于奔跑的猛兽能到达金字塔顶尖？其实答案很简单，坚持。坚持就是胜利，行百里者半九十，越是艰难越不能放弃，确立理想后不抛弃不放弃，勇往直前，不达胜利不罢休。我们很多人没有苍鹰的天赋与魄力，但是又缺少蜗牛坚韧不拔的精神，所以很多人都没有成功，把志向当成了打打牙祭的漂亮话。真正打败自己的不是别人，而是你自己，一是没有志向，二是没有恒心，抑或空有志向没有恒心，什么事都做不成。对青年大学生而言，做到立志其实不难，难的是怎么把我们的雄心壮志通过不懈的努力变成现实。一个人通常在做选择的时候，会有一个价值观来做引导或者支撑，如果我们将自己的远大志向与国家、与民族的需要结合起来，就有了一个为国、为民、为社会的正确价值取向，就能够在迷雾中看清方向，在困境中坚守希望，就像我们敬爱的周恩来总理年轻时树立的“为中华之崛起而读书”由远大志向一样，贵在勤学、苦学，“勤”这个字对大学生来说则是指学习的态度，是“三更灯火五更鸡”不分昼夜努力奋斗的精神。

二、积土而为山，积水而为海

众所周知，习近平总书记既是理论家也是实干家，他在很多论述当中都强调“笃行”“实干”。在其《摆脱贫困》一书，随处可见到“行动”“实践”等词汇，无不体现出习近平总书记在年轻时就重视“实践”“行动”的理念。在这本书中，他写道，我是崇尚行动的，实践高于认识的地方正在于它是行动。[①] 毛泽东同志

① 习近平．摆脱贫困［M］．福州：福建人民出版社，2014：79.

讲，实践出真知，没有调查就没有发言权，强调的是实干的重要性。习近平总书记非常重视实践，他说，调查研究是谋事之基、成事之道。没有调查，就没有发言权，更没有决策权。[①] 比方说，习近平总书记提出的精准扶贫，就是他在调研扶贫工作的过程中提出来的。党的十八大以来，习近平总书记从东到西，从南到北，从黄土高坡到雪域高原，走遍了全国集中连片的贫困地区，详细了解贫困户家庭的衣食住行等各个方面的情况。在这个过程当中，他提出了精准扶贫。20世纪80年代末期，习近平同志在福建宁德工作期间提出了“弱鸟先飞”“滴水穿石”“四下基层”等许多发展理念、观点和方法，其中不乏精准扶贫的理念，如因地制宜发展经济是“弱鸟”先飞且飞得快和高的重要途径等等。2012年底，习近平总书记在河北省阜平县考察扶贫开发工作时指出，推进扶贫开发、推动经济社会发展，首先要有一个好思路、好路子。要坚持从实际出发，因地制宜，理清思路、完善规划、找准突破口。要做到宜农则农、宜林则林、宜牧则牧，宜开发生态旅游，则搞生态旅游，真正把自身比较优势发挥好，使贫困地区发展扎实建立在自身有利条件的基础之上。理清发展思路，因地制宜找准发展思路的论述，表明这一阶段习近平精准扶贫思想已处于萌芽时期。[②]

习近平总书记在2017年新年贺词中勉励广大人民“撸起袖子加油干”。是的，幸福是干出来的，事业也是撸起袖子加油干出来的，来不得半点弄虚作假。“积土而为山，积水而为海”，万仞高山是由一抔土一抔土累积而成的，汪洋恣肆的大海也是一滴水一滴水汇集而成的。无论是伟大的人，还是平凡的人，每个成功都离不开不懈努力。坚持不懈，不抛弃，不放弃，才能一步一步地达成自己远大的目标。因此，习近平总书记常提到坚持的重要性，他在很多场合告诫大家，越到艰难越要坚持，越是最后越要挺住，只有这样，才能久久为功，他曾经引用“行百里者半于九十，此言末路之难也”来强调坚持的重要性，这就是我们熟知

① 中共中央宣传部：习近平总书记系列重要讲话读本［M］. 北京：学习出版社、人民出版社，2014：181.

② 黄承伟：深刻领会习近平精准扶贫思想 坚决打赢脱贫攻坚战［EB/OL］. http://dangjian.people.com.cn/n1/2017/0823/c412885-29489835.html

的成语“行百里者半九十”的由来，意思是一个人要走一百里，但走到九十里的时候，也只是才完成了一半，最后的十里往往是最困难的。这是为什么呢？因为前面付出的辛苦太多，坚持的时间太久，眼看目标就在眼前，但是却松懈了。这句话也告诉我们干事情越接近完成时越艰难，越关键，千万不要放弃。《荀子》中也有一句大家耳熟能详的话：“不积跬步，无以至千里；不积小流，无以成江海”。这句话告诉我们：无论面对多大的困难，只要方向正确，脚踏实地，坚持不懈，不抛弃，不放弃，最终会实现我们设定的目标。同理，知识的对错，理论的正确与否，也是在实践中检验出来的，在“实干”中来分辨的。实践是检验真理的唯一标准，一个理论、思想，或者认识正确与否只有一个标准，那就是社会实践，通过实践来检验。习近平总书记不止一次的明确指出，我们所作的每一项工作都必须经得起实践检验，因为实践是检验真理的唯一标准；同时要经得起人民检验，因为群众的眼睛是雪亮的；最终还要经得起历史的检验。作为一名党员干部，他的执政能力和执政水平也要经得起历史和人民的检验，经得起实践检验，而不是面子工程或者政绩工程。党员干部的能力也是在实干中得到锻炼、在实践中得以提升。早在习近平总书记主政浙江期间，对这个问题就有深刻的论述，他对后备干部的培养提出了要求，说业越学越精，脑袋越用越灵，对这些人的培养不能放到温室中，而应该放到基层艰苦的岗位上接受磨炼，这样才能更好地锻炼和提升他们的工作能力。青年时期的他在梁家河插队的时候，条件艰苦，但他什么苦活累活都干，不论是挑粪种地还是打坝，他都去干，因此，梁家河的乡亲们的眼里，他是一个不怕吃苦不怕累、勤劳善良的好后生，习近平总书记在后来的回忆中说，虽然吃了不少的苦，但那段吃苦的经历让他受益匪浅。

三、一勤天下无难事

实践需要笃行，但笃行并非盲目践行。进入新时代，立志很重要，实践也很重要，既需要有伟大的事业、伟大的目标、伟大的蓝图，还要有功成不必在我的奉献精神。如果从实践的角度来看，干就要苦干、实干、久久为功。常言道“一口吃不成胖子”，干事业不能一蹴而就，一个目标要想成功，就必须要坚持到底，才是一个成功的实践。习近平总书记经常强调，要想干好事业，不仅要有只争朝夕的干劲，还需要有持之以恒、坚持不懈、久久为功的韧劲。例如，山西右玉县委带领群众几十年如一日治沙造林就是一个典型的例子，右玉位于沙漠边缘，土地贫瘠，环境恶劣。新中国成立以后，右玉第一任县委书记张荣怀就矢志改变那里的环境，他在自己的办公室写下这样一行字：“人要在右玉生存，树就得在右玉扎根。”他说：“要想风沙住，就得多栽树；要想家家富，每人十棵树！”就是这样，张荣怀带着全县的干部冒着风沙来到苍头河畔每人种下了10棵树，从此拉开了右玉人坚持不懈植树绿化的序幕，一代接一代，奋斗不止。最终，按照这个目标，经过70年右玉人一代又一代的绿色接力，将右玉近2000平方公里的“不毛之地”变成了“塞上绿洲”，创造了一个新中国植树造林、战胜沙漠的“神话”。因此，一个目标蓝图只要是科学的、合理的、切合实际的，且符合人民群众的根本利益，我们就要一张蓝图绘到底，一代接一代，一棒接着一棒，像接力赛一样的坚持下去。有一句谚语说过：“一个人可以走得很快，但一群人能够走得更远。”实践是人的活动，它是群众性的实践活动，而不是单个人的活动，一个人掀不起风浪，但一群人可以积沙成塔。习近平总书记经常强调我们干部要努力在实践中夯实本领，与群众打成一片，拜群众为师，以提高自己的能力，说的就是这个道理。

1984年，担任河北省正定县委书记的习近平说，共产党的官员就是要帮老百姓办实事，实实在在帮老百姓办事，要改变过去高高在上的官老爷衙门作风，多深入田间地头、深入老百姓做调查研究，才能真正发现问题并找到解决问题的办法，从群众那里寻找解决问题的源头活水，要求当地干部每年至少拿出三分之一的时间下基层。他自己也是这样做的，在担任县委书记期间，骑着自行车走遍了正定所有的村镇，正是因为他的深入调研，在工作中找准问题，制定的措施得力，使当地的经济、社会等各方面有了较快的发展和提升。

2020年，在完成第一个“百年奋斗目标”后，中国共产党带领全国各族人民信心满满地为实现第二个“百年奋斗目标”而努力前行。我们绘制了国家发展的宏伟蓝图，但蓝图要变为现实，归根结底要靠亿万中国人民勤劳、科学以及创造性的劳动。我们弘扬劳动，一方面，劳动不仅是老百姓发家致富的途径，还是共产党人坚持自身政治本色的重要路径，不当官老爷，不要官威，自力更生艰苦奋斗；另一方面，劳动对青年品质的养成也很重要，青年兴则国家兴，我们需要在青年群体中营造创造性的劳动精神，引导学生尊重劳动、崇尚劳动，让青年充分认识劳动的重要性，教育他们珍惜劳动成果，并以积极的姿态投入到生产劳动中去。俗语说，“一勤天下无难事”，我们要在全社会树立劳动最光荣、劳动最美丽、劳动最伟大的劳动理念，努力激发全国人民的劳动热情，焕发劳动创造的潜能。

作为新时代的青年，也一定要自觉树立敬业意识，发扬干一行爱一行的钉子精神，要有攻坚克难的决心和勇气，无论是实现中华民族伟大复兴的中国梦，还是把我国建设成富强、民主、文明、和谐、美丽的社会主义现代化强国，都不是一蹴而就的，更不是一帆风顺的，可谓任重而道远。因此，在实现中华民族伟大复兴的征途中，也应让敬业精神引领广大青年的价值观，让“天行健，君子以自强不息”“地势坤，君子以厚德载物”的变造精神，植根于广大青年的职业理想之中，从而更好地施展才华。党的十九大以来，祖国的发展迈进了崭新的时代，我们已经实现了第一个百年奋斗目标，更要马不停蹄，快马加鞭，向着第二个百年奋斗目标奋勇前进。充分调动广大劳动群众的积极性和创造性，在全社会坚决贯彻四个尊重，即“尊重劳动、尊重知识、尊重人才、尊重创造”的重要方针，保障和发展劳动人民的合法利益，维护劳动人民应有的权利，竭力维护社会的公平和正义，清除阻挡劳动人民参与发展、共享发展成果的障碍，为劳动人民创造能够实现体面劳动、全面发展的良好环境，才能更好地激发广大人民参与劳动的积极性、主动性。人民的生活才会越来越富足，国家才会越来越富强，中国特色社会主义才会不断保持旺盛生机和持久活力。

从时间层面来看，实现中华民族的伟大复兴，需要一代又一代有志青年接续奋斗。青年是全社会最富有生命力和创造力的群体，肩负着时代所赋予的伟大使命和历史重任。所以，广大青年一定要自觉以社会主义核心价值观为引领，树立为国为民服务的高尚情操，脚踏实地地投身到中国特色社会主义伟大事业中去，发愤图强，不辱使命，通过辛勤的劳动，挥洒汗水创造属于自己的人生。习近平总书记曾借用王安石的诗鼓励青年要努力，“看似寻常最奇崛，成如容易却艰辛”，意思是青年的人生之路遥远漫长，在前行的路途中，既有平坦的大路，也有崎岖的高山，更有险滩和激流，看似平淡无奇，实则充满了曲折，正是因为有了曲折，人生才丰富多彩。为了心中的理想，努力坚持，不放弃，不懈怠，才能够创造出无愧于时代的精彩人生。“纸上得来终觉浅，绝知此事要躬行”，广大青年应该坚持知行合一，躬于实践，坚持在干中学，在学中干，领悟真知，增长本领。步入新时代，广大青年要勇做新时代的追梦人、筑梦人，勇于拼搏，不懈奋斗，让青春韶华在为祖国的奋斗中完美绽放。无论做什么工作都要心怀敬畏，干一行、爱一行、钻一行，把它作为事业而不是养家糊口的职业，尽职尽责，把人生理想融入自己的职业理想中。

此外，青年要树立正确的名利观。荀子认为，何为君子，应该是那种淡泊名利、深谋远虑、珍惜名誉、勇于为理想献身的人。就现实意义而言，青年不要只看到自己的小利，还要看到国家和民族的大利，古人讲舍生取义，在必要的时候可能要牺牲自己的小利换取国家和民族的大利。幸福是奋斗出来的，奋斗本身其实就是一种幸福。敢于拼搏的人生是精彩的，也是值得大家学习的。回望过去，在党的领导下，我们走过了艰苦卓绝的抗战岁月，经历了波澜壮阔的改革开放，无数人为国家和民族的大利舍弃了自己的小利，甚至牺牲了自己的生命，这背后支撑他们的是舍生取义的义利观。时代发展到今天，我们更需要大力弘扬劳动光荣、人才珍贵、知识无价、创造伟大的新时代价值观，引导全社会成员弘扬爱岗敬业的精神，带动全社会成员立足自己的岗位，热爱劳动，通过辛勤劳动为社会发展贡献自己的力量。同时，我们也要在全社会树立先进典型，大力弘扬劳模精神、工匠精神，表彰一批劳动模范和先进工作者，发挥好榜样的作用，带动社会积极向上，让“劳动光荣、创造伟大”成为全社会劳动人民的共识。通过一系列措施引导青年自觉涵养劳动情怀、劳动品格，成为有知识、有技能、会创新的高素质劳动者。

四、勤则不匮

2018年4月，习近平总书记在勉励中国劳动关系学院劳模本科班学员的回信中强调：“社会主义是干出来的，新时代也是干出来的。”他说奋斗者是精神最富足的人，也是最懂得幸福，最享受幸福的人。历史承认那些为共同目标劳动因而自己变得高尚的人是伟大人物，经常赞美那些为大多数人带来幸福的人是最幸福的人。[①] 从这个层面上看，奋斗就是一种幸福，拥有奋斗的人生才是幸福的人生。当然，奋斗过程是艰辛的，但只有经历了奋斗的艰难才能体味幸福的味道，经历了狂风暴雨才能体现彩虹的美丽。奋斗是一个长期的过程，成功不会一蹴而就，通常是前人栽树，后人乘凉，中华民族伟大复兴需要一代又一代人的接续奋斗，需要几代甚至是十几代人的不懈努力。同时，事业的完成从来也不是一帆风顺的，过程充满曲折甚至要有付出牺牲，因此，我们还需要继续发扬艰苦奋斗的牺牲精神和大无畏的奉献精神。新时代是属于奋斗者的时代，更是一个充满着发展机遇的时代，中华文明五千多年的辉煌历史就是靠着一代又一代的劳动者接续奋斗得来的，才使得五千年文明从未断流。现如今，我们要实现从“赶上”到“引领”的跨越，就必须继续发扬中国人崇尚劳动、热爱劳动的优良传统，开辟出新时代的广阔天地。新时代是奋进的时代，也是充满艰辛和挑战的时代，不能骄傲自满、掉以轻心，也不能畏畏缩缩、止步不前，新时代有新使命、新担当，呼唤新作为。随着中国步入新时代，我们远景可期，目标可期，胜利就在眼前，但决不能掉以轻心，越进入倒计时，越需要我们拿出逢山开路、遇水架桥的改革创新精神，越需要广大劳动群众忠于职守，爱岗敬业，干一行爱一行，以逢山开

---

① 李虹茹，范永旭，马克思《青年在选择职业时的思考》当代价值解析［J］. 东方企业文化，2012（17）：210.

路、遇水架桥的勇气和自我革新、自我超越的担当，在新时代开辟出新天地。

我们要在全社会形成尊重知识、尊重人才的氛围，反对读书无用论，当然，我们不是提倡死读书，读死书，而是把知识和科技变成生产力。习近平总书记曾指出，知识分子，顾名思义，就是文化水平较高、知识比较丰富的人，其中不少是学有所长、术有专攻、在某个领域某个方面的行家专家。知识分子对知识、对技术掌握得比较多，对自然、对社会了解得比较深，在推动经济社会发展、推动社会文明进步中能够发挥十分重要的作用。在我们党领导革命、建设、改革 90 多年的历程中，广大知识分子为党和人民建立了彪炳史册的功勋。[①] “铁肩担道义、妙手著文章”是中国广大知识分子的责任情怀，中国知识分子自古就有浓厚的家国情怀，有高度的社会责任感，北宋张载的“为天地立心，为生民立命、为往圣继绝学、为万世开太平”，不管是“立心”还是“立命”，都体现了家国情怀；范仲淹“先天下之忧而忧，后天下之乐而乐”更是直截了当的责任担当，这些无不体现了知识分子的责任和使命担当，为后世所景仰。进入新时代以后，国际国内情况更加复杂，国际竞争越发激烈，更需要我国广大知识分子发扬勇于担当的精神。随着党和国家的事业持续发展，全社会知识分子的队伍越来越大，人数越来越多，遍布各行各业，在实现中华民族伟大复兴的征程中，广大知识分子要勇立潮头，引领创新，立足工作岗位，做好本职工作，为祖国的发展作出自己的贡献。若当个老师，就要甘于奉献，坚守三尺讲台，为国家育才，“春蚕到死丝方尽，蜡炬成灰泪始干”；若做科学研究，就要耐得住寂寞，推得开诱惑，俯身钻研，在自己的领域潜心研究，“板凳要坐十年冷，文章不写一句空”；若搞艺术创作，就要牢固树立为人民服务、为社会主义服务的创作理念，深入基层，深入群众，深入生活，潜心创作出让人民群众喜爱的艺术精品。总而言之，作为一个知识分子，无论身处哪个行业，做着什么工作，不管你的地位、学历、职称如何，唯有坚持求真务实，苦干实干，才能探索出更多的未知，寻求更多的真理，

① 习近平：在知识分子、劳动模范、青年代表座谈会上的讲话［DB/OL］. https://www.gov.cn/xinwen/2016-04/30/content_5069413.htm

为社会贡献最大的力量！

“人生在勤，勤则不匮。”美好生活要靠辛勤的劳动创造。因此，劳动者所具备的素质对我们国家和民族的发展相当重要，劳动者的素质越高，他们的创造能力就越强，创造的财富就越多。劳动模范是广大劳动人民的先进代表，是全社会最美的劳动者，他们身上所涵养的“爱岗敬业、争创一流、艰苦奋斗、勇于创新、淡泊名利、甘于奉献”的劳模精神，是新时代精神的最彻底、最纯粹的体现，无论是全面建成小康社会还是实现中华民族伟大复兴的中国梦都需要劳模精神作保障！生产劳动改造了人类，创造了人类社会，今天中华民族取得的一切成果就是由亿万个劳动群众奋斗取得的。劳动本身没有高低贵贱的区别，无论什么职业都是光荣的。

我们常说，不要做语言上的巨人、行动上的矮子，讲的就是实干胜于空谈的道理，一次切实的行动远胜于一打空头的“支票”。没有实干，一切都只是空谈，社会主义是干出来的，中华民族伟大复兴也是干出来的，身体力行、脚踏实地才是正道、王道、成功之道。在我国进行社会主义建设可以说是前无古人的事，加之我国国情复杂，绝不可能从书本中找出怎么建设社会主义的现成答案，也不能够从理论形态中推演出一个中国的社会主义，只能在干中学，在学中干。有一部拍摄于 20 世纪 50 年代的电影，名叫《我们村里的年轻人》，电影里的主题曲唱道，樱桃好吃树难栽，不下苦功花不开。幸福不会从天降，社会主义等不来。习近平总书记对这部电影感触很深，后来在很多场合引用这首主题曲里面的歌词，他引用这句歌词就是告诫大家，中国特色社会主义不是天上掉下来的，也不是等来、靠来的，而是干出来的。新时代也是在实践中干出来的，党的十九大报告指出，经过长期不懈努力，中国特色社会主义进入新时代，这是我国发展新的历史方位。[①] 新时代是奋斗者的时代，是追梦、筑梦和圆梦的时代，是我国全面建成富强、民主、文明、和谐、美丽社会主义现代化强国的时代。今天，我们比历史

① 本书编写者．毛泽东思想和中国特色社会主义理论体系概论［M］．北京：高等教育出版社，2021：189.

上任何一个时期更接近实现中华民族伟大复兴的目标，我们更有能力、更有信心、更有实力去实现这个宏伟目标。但这个目标的实现，得靠苦干、实干，步入新时代，我们国家的发展更需要越来越多的实干家。习近平总书记身体力行、率先垂范，可谓是我们这个新时代最大的实干家。他在工作的时候，倡导行动至上，1991年，他担任福州市委书记，为了提高福州市委市政府的工作能力和办事效率，提出有事务必须马上就办，后来，“马上就办”这几个字就被装裱起来挂在了福州市委的大院里，时刻警醒干部要敢作为、快作为。虽然我们已经取得了历史性的成就，我们党的面貌、国家的面貌、人民的面貌发生了历史性的变化，但面向未来，我们国家的发展还面临着诸多风险和挑战，还有很多深层次的矛盾需要解决，还有很多可以预见和难以预见的风险需要去克服。所以，习近平总书记一再强调，中华民族伟大复兴绝不是敲锣打鼓、轻轻松松就可以实现的，需要我们加倍努力，共克时艰，撸起袖子加油干。

个人发展也是一样，纵观历史，很多著名人物的标志性成果通常诞生于他们的青年时期，马克思、恩格斯发表《共产党宣言》的时候不到三十岁，达尔文进行环球航行时也是二十几岁，爱迪生发明留声机时是二十几岁，爱因斯坦提出狭义相对论时是二十六岁，这些伟人有所建树的年龄都在他们的青年时代。所以习近平总书记经常鼓励年轻人要勇于做新时代的开路先锋，而不是彷徨者，更不要做旁观者。人的青春只有一次，生逢中华民族伟大复兴的关键时期，要积极在自己所处的时代条件下谋划人生、创造历史，只有把个人理想融入社会理想，把个人“小我”融入社会“大我”中，不负韶华，勇于担当，方能实现人生理想，升华人生价值。新时代是奋斗者的时代，奋斗者的人生是最美丽的！同时，实干对于青年人也是非常重要的品质，我们常说，青春是用来奋斗的！每一代青年都要把握好自己的人生的际遇和历史使命。习近平总书记曾指出，你们这一代青年人的际遇和使命就是为实现中华民族伟大复兴的中国梦而奋斗，这是新时代中国青年最大的际遇，也是对广大青年最大的考验。作为新时代的青年人，我们跟新时代同成长、同发展、同进步。现在20多岁的青年，恰逢2020年我国全面建成小康社会伟业完成之际，15 年之后，到 2035 年，我们国家社会主义现代化基本实现的时候，才不过 40 岁左右，那么到 21 世纪中叶我们社会主义现代化强国宏伟蓝图实现的时候，也才 50 多岁。所以，当代的广大青年，全程参与和见证了我们国家‘两个一百年’的奋斗目标的实现。对他们而言，如果在年轻的时候选择了奋斗，选择了实干，也就选择了收获未来。[①]

① 《平“语”近人——习近平总书记用典》解说词（第七集）绝知此事要［EB/OL］. http://www.xinhuanet.com/2018-10/15/c_1123557766.htm

参考文献

[1] 中共中央宣传部. 习近平总书记系列重要讲话读本 [M]. 北京：学习出版社，人民出版社，2014.

[2] 人民日报评论部. 习近平用典（第二辑）[M]. 北京：人民日报出版社，2018.

[3] 人民日报评论部. 习近平讲故事 [M]. 北京：人民出版社，2017.

[4] 陈锡喜. 平易近人：习近平的语言力量 [M]. 上海：上海交通大学出版社，2018.

[5] 刘志辉. 平易近人：习近平的语言力量（军事卷）[M]. 上海：上海交通大学出版社，2017.

[6] 中共中央文献研究室. 习近平关于科技创新论述摘编 [M]. 北京：中央文献出版社，2016.

[7] 中共中央纪律检查委员会、中共中央文献研究室. 习近平关于严明党的纪律和规矩论述摘编 [M]. 北京：中央文献出版社，2016.

[8] 中央党校采访实录编辑室. 习近平在厦门 [M]. 北京：中共中央党校出版社，2017.

[9] 中央党校采访实录编辑室. 习近平的七年知青岁月 [M]. 北京：中共中央党校出版社，2017.

[10] 习近平. 之江新语 [M]. 杭州：浙江人民出版社，2018.

[11] 习近平. 摆脱贫困 [M]. 福州：福建人民出版社，2018.

[12] 习近平. 习近平谈治国理政（第一卷）[M]. 北京：外文出版社，2018.

[13] 康辉. 平“语”近人——习近平总书记用典（第一到第十集）[N] 光明日报

[14] 习近平. 干在实处 走在前列：推进浙江新发展的思考与实践 [M]. 北京：中共中央党校出版社，2013.

[15] 中共中央宣传部. 习近平新时代中国特色社会主义思想三十讲 [M]. 北京：学习出版社，2018.

[16] 中共中央宣传部. 习近平总书记系列重要讲话读本 [M]. 北京：学习出版社，人民出版社，2016.

[17] 马克思. 哥达纲领批判 [M]. 北京：人民出版社，1997.

[18] 习近平. 习近平谈治国理政（第二卷）[M]. 北京：外文出版社，2017.

[19] 习近平. 习近平谈治国理政（第四卷）[M]. 北京：外文出版社，2022.